第三帝国

权力风云

［美国］时代生活编辑部 / 编

张显奎 / 译

修订本

海南出版社

·海口·

目　录

1. 仇恨的政治 ……………………………………… 9

2. 保守派的艰难联盟 ……………………………… 77

3. 大选获胜 ………………………………………… 133

4. "现在我们要让他们瞧瞧！" …………………… 185

辅文图片

艰难岁月中磨难的共和国 ………………………… 53

一个处于刀锋上的国家的艺术 …………………… 64

一个纳粹"冲锋队"队员的形成 ………………… 119

民族自豪感的觉醒 ………………………………… 177

夺取国家火炬 ……………………………………… 231

致读者

首先应当承认，本书的策划并非出自我本人的想法。

事实上，当一小批时代生活图书公司的编辑和作者开始极力主张推出这样一个系列的时候，我的第一反应是："有关第三帝国的话题难道还能有什么新意吗？"

可是，当前往柏林、华盛顿和莫斯科的采访人员逐步发回他们的稿件——私人珍藏的回忆录和相册堆满了我的办公桌——目击者的记录和官方秘藏的文件被一一发掘出来之后，我觉得我的疑问已经找到了最好的答案。

我们正在接近一项重大的成果：对纳粹统治下的德国的一个全新的认识——从第三帝国的内部来解剖它。

本系列共有21本。每一本都向您展示了第一手的私人记录、从未发表过的照片、亲历者的回忆录和新解密的官方档案。它们恰如一幅徐徐展开的巨型画卷，将您带回那腥风血雨的黑暗时代，让您仿佛置身于喧嚣狂热的柏林、遍地瓦砾的华沙、燃烧的斯大林格勒、沙尘滚滚的北非，恍如走进了令人不寒而栗的集中营、党卫队的秘密会议室、希特勒的办公室、他的书房和卧室，甚至把握到他的思想动态。每一本都有一个中心主题，整个系列连起来则构成了迄今为止最完整、最细致的"第三帝国史"。

这就是我们所做的工作，让真实的历史说话。

时代生活编辑部主编乔·沃尔

1924年，身着军服的纳粹党徒在一次集会中招摇过市。

1. 仇恨的政治

兰茨贝格监狱的监狱长亲自给 7 号囚室的这位犯人带来消息：他将于当天假释出狱。这天是 1924 年 12 月 20 日，星期六。在下午早些时候，35 岁的阿道夫·希特勒收拾好自己的东西（包括他正在写的未完成的书稿），与狱卒们一一握手，然后钻进一位朋友的汽车的后座——这是他一年多来第一次获得自由。

希特勒马上前往他在慕尼黑的家，慕尼黑是他为了推翻德国的魏玛政府而于 1923 年 11 月领导那次流产的"啤酒馆暴动"的地方。这次计划不周的行动使他本人因叛国罪被判了 5 年监禁，也使他的纳粹党被官方认作是非法党。在希特勒获释后的第一天，一位同党问他现在打算怎么办，他回答道："我将重新开始，一切从头来。"

当时纳粹党的处境和德国民族的状况，都使希特勒在巴伐利亚那个灰暗的下午所说的那番誓言显得空洞无物。在暴动前的那几年中，他把"德国国家社会主义工人党"的人数发展到了 55 787 人，而现在这个党已是行将灭亡了。该党及其报刊已遭禁止，希特勒也被禁止在公开场合演讲，他还面临着被驱逐回他的本国奥地利

1924 年 12 月，阿道夫·希特勒从兰茨贝格监狱释放后，在坐上朋友的汽车返回纳粹党大本营慕尼黑之前，停下来拍了这张照片。希特勒因参加 1923 年的"啤酒馆暴动"入狱，服刑 13 个月后被释放。

9

去的危险。他的那些没有被流放或仍然被关押着的追随者们已经形成相互对立的势力，为意识形态问题激烈地争论不休。没有出现一位真正的对手能够填补希特勒被捕所留下的空缺，而这位领袖本人却超然于一切争吵之外，在兰茨贝格享受着特别舒适的幽禁生活。在许多人看来，纳粹党的信念只不过是战后又一次极端主义思潮的运动，短暂地风光一两年后，自会销声匿迹的。

在希特勒被捕的 13 个月间，德国这个国家也发生了变化。魏玛共和国前几年混乱不堪的政治经济形势使人们灰心失意，致使社会骚乱不已，极端主义组织盛行一时，而现在这种形势已有所好转。曾经消耗掉千百万家庭积蓄的通货膨胀现在得到了控制；货币渐趋稳定，就业率在上升。一次大战后强加于德国头上的、造成严重危害的战争赔款已减少到可以容忍的水平。德国工业在美国贷款的援助下正得以复苏。精明能干、坚持不懈的外交部部长古斯塔夫·斯特莱斯曼正着力于使法国占领军从鲁尔地区撤走，这个目标他很快就要实现了。在希特勒被释放的那个月举行的国会大选中，温和的"社会民主党"势力提高了 30%，而右翼的种族主义派别和民族主义政党的选票下降了一半，纳粹党只得到了3% 的选票。德国正在平静下来。

希特勒旨在推翻共和国的目标仍然十分坚定。他回到他那简朴的住所后，邻居们为他准备了一个欢迎宴会。尽管纳粹党组织混乱，整个国家却异常稳定，希特勒本

宣传希特勒自传作品的一份传单使用的是全称书名《对谎言、愚蠢和懦弱的四年半的斗争》，即缩短后的《我的奋斗》。

人好像比以往任何时候都更坚信只属于他自己的那个狂热梦想——一个完全受他控制的好战的新生帝国。警察们知道他的获释意味着什么。一份警察局的报告预言道："希特勒凭借其能力将重新成为重大社会动乱的驱动力和国家安全的威胁因素。"事实上，希特勒已经在策划他的下一步行动了。

1924 年德国的一派平静将持续到 1929 年末，届时，"大萧条"将又一次把这个国家拖入政治和经济的混乱之中。在这平静的 5 年中，这位曾经发动过一次失败的政变计划的狂热分子谨慎耐心地等待时机，建立起一个忠实于他的组织。他招兵买马，通过《我的奋斗》一书鼓吹自己的政治理论，加强自己作为党的领袖的地位，要求别人毫无疑问地服从，并且通过强调 20 世纪的宣传艺术来建立政治机器。

在经济萧条改变了德国的形势后，希特勒变得咄咄逼人、残酷无情、施暴成性，他巧施伎俩便分化瓦解了他的政治对手，并且使人们对未来充满了恐惧。他一直不断地追求自己实行独裁统治的梦想，狂热地朝着权力的顶峰挺进。1934 年 8 月，希特勒在兰茨贝格监狱里就已精心设计的梦想最终成为现实。他大获全胜，傲然屹立于德意志民族之上，成为帝国的总理兼总统。

希特勒在兰茨贝格监狱里享受了许多便利之处，比如，他的囚室面朝优美的风景，下午他可以待在花园里，还有合他胃口的饭菜。正是在这里，他开始写作他最早冠名为《对谎言、愚蠢和懦弱的四年半的斗争》一书。后来，出版商把书名缩短为《我的奋斗》。这本书对他的过去作了简要的回顾，并对他所幻想的他自己以及德国的未来作了一番思索。全书给人以矫揉造作、杂乱冗长之感。

无论就风格还是内容而言，这本书只有一位真正的信徒才会推崇。希特勒的文体冗长无味、夸夸其淡，因此破坏了他的论据的逻辑。他的"计划"主要是他所反对的一系列东西：马克思主义、自由主义、国会民主、中产阶级教育、资本主义、工会组织、知识分子。他毫不掩饰他的"治病药方"——建立一个以他自己为独裁领袖的种族纯正的国家，为德国人开辟更广阔的生存空间（后一点主要靠牺牲苏联获得）。

在这本书带有自传性的章节里，希特勒叙述了他早年在奥地利林茨市的生活以及他作为一个十几岁的孤儿在维也纳的岁月。他写道，他在1907年年底母亲去世后在维也纳度过的那段时间是"我一生中最伤悲的时期"。他18岁时从林茨来到首都，本打算在美术学院学绘画，但遭到校方的拒绝。他做的工作都是临时苦力——帮人提包、铲雪等，后来成为城市风景和海报画家，所挣的钱，如他自己所说，"真是少得可怜，还不够消除我每天的饥饿"。

说到饥饿和贫穷，他写道，"我要感谢那段岁月，它使我变得坚强，我今天仍然能够做到坚强"。尽管作为一个孤儿，希特勒从政府那儿可以拿到一小笔抚恤金，但那笔钱实在微不足道。他经常光顾为贫民开设的施粥所，睡在门道里或廉价的贫民旅馆中。认识青年希特勒的人都会惊诧于他那认真的、固执己见的个性以及好逸恶劳（他尽可能地避免体力劳动）和崇高抱负在他身上的奇妙结合。他既不抽烟又不喝酒，经常穿着一件长长的、破旧的外衣，戴着一顶圆顶高帽，帽檐下是一张瘦削的脸庞和一对大而深邃的眼睛。

他如饥似渴地阅读——反闪米特人的宣传册子，有关历史、政治学和经济学的著作，甚至有关大众心理学的专著，他都广泛涉猎。他的世界观的形成要归结于他在维也纳的读书活动；他曾不无得意地宣称，他以后"不得不少学点，没有什么还需要改变"。他在维也纳的这段生活也使他认识到了"两大威胁因素，它们的名字我以前几乎不知道，它们对德国人民的生存所构成的可怕威胁我当然也不理解，它们就是马克思主义和犹太人"。

希特勒对维也纳政治的观察，尤其是占优势地位的社会民主党的著作，使他深刻地认识到宣传和发起大规模群众运动的技巧。他所做出的那些关于左右大众思想的愤世嫉俗的结论后来确实起到了大作用。他写道：宣

一辆纳粹卡车在1924年选举活动期间开过勃兰登堡门。官方是禁止纳粹分子活动的，但他们与其他右翼党派合作，赢得了32个国会席位。

传必须针对听众中最低下的普通人。一位懂技巧的宣传家知道他的宣传对象的弱点。激情的煽动比理性的辩论要更好。群众不要选择的自由，他们只要一套简单的教义和一个敌人，而且最好是只有一个敌人——树敌太多只会混乱他们的头脑。真理是不相干的东西。肉体上的恐惧是一种有用的制服手段。无论是什么信息，传递的方式最好是通过公开演讲："自远古以来，历史上给宗教和政治带来最大轰动的力量一直是口头言辞的神奇力量，而且只有口头言辞才有这种力量。"

1913年，希特勒离开了维也纳。按他自己的说法，他离开的原因是那个城市带有种族混合的毒素。他移居慕尼黑——他很高兴，这是"一座德意志城市"，他很快就有回到家的感觉。他不再是那个初到维也纳时的"半大男孩"，他现在是一个24岁的男人，一个"变得沉默而严肃的男人"。当一年后大战爆发时（指第一次世界大战），他踊跃报名参加了德军。作为部队的一名信差，他在西部前线上打过好几次仗。尽管有些孤僻，他还是一名不错的军人。他在1916年受过一次腿伤，在停火协议前一个月的一次英军毒气战中短期失明过。德国投降时以及创建共和国时，他还在医院里。他认为德国投降和创建共和国是对德意志民族荣誉的污辱和背叛。退伍时他虽然仍是一名下士，但同时也是一名自豪地佩戴"铁十字"勋章的一等功臣。希特勒现在决定从事他的终生工作——政治。

　　慕尼黑的气氛比较有利于右翼运动。希特勒在这里加入了一个反闪米特人的民族主义小政党——他是第55名成员。他很快发现自己具有演讲的天赋，几个月后他就成了这个新生党派的领导人物，并开始向巴伐利亚听众展示他的宣传才能。他轻而易举地击败了所有对他的领导地位提出挑战的对手，并大力支持组建一支准军事化的、装备精良的小分队，他称之为"冲锋队"。万字饰成了该党的党徽。1923年中期，纳粹分子出版了一份日报，他们制订了一个被称作"二十五点"的秘密计划。希特勒正在纠集联合力量，准备发动一次政变。这次预谋的暴动刚一交火就归于失败，但希特勒在审判席上的滔滔辩论使他成了一位全国知名人物和右翼主义英雄。这位昔日的下士4年半来走过了一段漫长的道路。

　　在兰茨贝格的监狱里，希特勒认真思考了这次政变失败的教训，并酝酿出一套新的战略。他得出结论，与他人共谋权力是一个错误；他要自己一个人发号施令，因为没有人可以信任。他也认识到，仅仅只是推翻现存政府是不够的；一个政党必须有它自己的发展完善的组织机构，有一个影子内阁，可以随时接管垮落的秩序。希特勒得出的第三条结论规定了纳粹党夺取政权的道路：纳粹党不应采取武装政变的战术，而应走合法的、立宪的道路。他有一次告诉一位探监人："我们将不得不极有耐心，走进国会与那些天主教派和左翼分子进行斗争。如果通过投票把他们选出国会比把他们枪杀出去要花更长的时间，那至少也会使结果得到宪法的保证。"一旦纳粹党获得大多数选票（希特勒曾说这是不可避免的），那德国就是他们的了。

从兰茨贝格监狱释放后的两周，希特勒会见了巴伐利亚州长海因里希·赫尔德，向这位犹豫不决的州长保证，国家社会党毫无可怕之处，他们是他在反对共产主义的斗争中的忠实盟友。他要赫尔德取消该党为非法的禁令，取消不让他发表言论以及不让纳粹党报《VB》(Vlkischer Beobachter) 出版的禁令。受司法部长弗兰兹·格特纳（一位纳粹支持者）的怂恿，赫尔德同意在2月中旬废除这些禁令。赫尔德曾对格特纳说："那头野兽被控制住了。我们可以松开链条。"这话算是说对了，但后来证明这话中更多地带有某种希望。

1925年2月26日，纳粹党报在慕尼黑重新露面时刊登了希特勒写的一篇编者按，题目叫"新的开端"。他号召争吵不休的党员们忘掉他们的分歧，在他的领导下团结起来，共同反对马克思主义"及其发端者犹太人"。第二天晚上，他便回到他曾发动过暴动的那家啤酒馆，作了他自一年前接受审判以来的第一次公开演讲。

希特勒的朋友们注意到了他出狱后面部表情的一些变化。他显得更强硬也更严肃了。一位认识他的人看出他的脸"毫无疑义地变得更坚硬有力了"。在他正式演讲前两小时，啤酒馆里早已挤满了4000多名喧闹不已的听众，还有1000多名被拒之门外。希特勒两个小时的演讲没有让他们失望。

他狂叫道，马克思主义将消失，"代之而起的是一种更具真理性的教义，不过实行起来具有一样的残酷性"。他将单独领导这项运动，不屈服于任何条件，"只要我个人承担责任"。在他极为煽情的演说结束时，好几位追随者欢呼雀跃，冲到前面与他握手，宣誓效忠。一位追随者写道，他的疑惑"在听了领袖讲话后烟消云散了"。在此之前，希特勒只是在私下里被称作领袖；从此刻起，他的纳粹同党也在公开场合这样称呼他了。

然而，如果说这次演讲是一次成功的说服，它同时也是一次战术上的失误，因为它引起了当局的警觉，而这正是希特勒近期来一直千方百计想要避免的事。希特勒曾明确地把共和政体列入纳粹的敌人名单中。而且更为严重的是，这位领袖当时因受到人群的狂热情绪的感染，曾宣称纳粹的斗争只有两种可能的结果——"要么是敌人踏着我们的身体过去，要么是我们踏着他们的身体过去"。这对巴伐利亚政府来说就太过分了，10天后，它再一次禁止希特勒在公开场合演讲，尽管这项禁令根本没有提到纳粹党或其报纸属于违法。巴伐利亚政府的这项禁令的有效期持续了两年。德国另外17个州中只有4个州例外，其他全都同样禁止希特勒登上公开讲坛（希特勒把公开讲坛看作是他追求权力的重要跳板）。然而，后来证明，这些障碍并不是不可逾越的。

在啤酒馆暴动之前的那几年里，希特勒一直把艾里希特勒喜欢月桂树花环饰物。他正坐在囚室里的一束花环下读报。

受到悉心照料的囚禁生活

兰茨贝格监狱的许多狱卒对希特勒的事业都抱支持态度，他们完全被他迷惑住了，所以他的囚禁生活过得很舒服。他住在一间宽敞、阳光充足的囚室里，可以每天在花园里散步，可以得到他想要的所有书籍和报刊，很多次还可正常地接待来访者。他被免掉了体力劳动；即使打扫囚室的任务也由一位待遇稍差的室友承担。饭菜很丰富，而且很好，使希特勒在监狱里居然长胖了。他还有一张专门的饭桌，吃午饭时，他可以召集同被囚禁的纳粹分子开会。

这种安逸生活的高潮出现在希特勒35岁生日那天。当时，纳粹忠实分子送来了太多的蛋糕、果馅卷饼、鲜花和其他礼品，监狱长只好腾出几间屋子来存放。

19

巴伐利亚的明媚阳光透过宽大的窗户射进希特勒的顶楼囚室。兰茨贝格监狱的一位囚犯抱怨说："那些受到过分关照的纳粹分子在法律面前并不平等，他们作为囚犯也并不平等。"

希特勒在他的囚室里会见因参加"啤酒馆暴动"而被投入监狱的几位纳粹同党。其中有希特勒的私人司机爱密尔·莫里斯（手拿曼陀林乐器者）和秘书鲁道夫·赫斯（右起第二位）。这张照片是用赫斯的未婚妻偷偷带进监狱的相机照的。

兰茨贝格监狱曾经是一处要塞，位于一座山上。它那些灰白色的囚房区被高达 20 英尺的石墙围着。希特勒被关在政治犯囚房区。

希·鲁登道夫和厄内斯特·罗姆当作同志，前者曾在一
次大战期间担任德军军需官，后者是一个被称作"前线
战士联盟"的准军事组织的指挥官。希特勒视他们两位
为盟友，他们在纳粹党里都有自己的权力基础。但是
重生的纳粹党在最上层只能有一个人。在
1925年的总统大选中，鲁登道夫以纳
粹党候选人的身份在2700万张选
票中只赢得了可怜的21万张，为
此，希特勒与鲁登道夫断绝了关
系。此时，罗姆已帮助组建了另
一支准军事组织"冲锋队"。这
支由退伍军人和流氓恶棍组成的
队伍最早是用来维持纳粹党会议
秩序、保护纳粹党领袖们的，但不
久他们就在大街上与对立的政治派系
开始摩擦起来了。

"冲锋队"队长
恩斯特·罗姆20年
代末期在与希特勒发
生争吵后过着流亡生
活，这是他穿着玻利
维亚军服的照片。罗
姆的鼻梁在一次大战
期间被子弹打掉了。

　　希特勒和罗姆为这帮"褐衫党徒"（即"冲锋队"队员）
的地位问题以及谁来控制他们的问题经常发生争吵。罗
姆坚持认为，他手下的这些人应独立于党组织之外，由
他来指挥。而希特勒坚信"冲锋队"应首先忠于党和领
袖，因此他断然拒绝了罗姆的要求。罗姆呈上辞职书，
要求得到批准。由于没有答复，他又写信提醒希特勒不
要忘了暴动前两人之间的同志情，恳求不要否认"你的
个人友情"。当这一恳求又没有回音时，他宣布了辞职。

身材强壮的格雷戈尔·斯特拉塞站在他发展的一群南部德国纳粹分子中间。站在他左边、穿黑色制服、戴眼镜的是海因里希·希姆莱。

这一事件只在党报上作了一个简要的通报。他向一位朋友抱怨道，希特勒侵占"冲锋队"，是"用借来的羽毛装扮自己"。失望之余的罗姆只好去了玻利维亚当军事教练，不过希特勒最终还是把他召了回来。

格雷戈尔·斯特拉塞，一个身体壮实而人挺随和的巴伐利亚药剂师，是另一位颇有抱负的党员。他是国会里的一位众议员。希特勒在兰茨贝格蹲监狱时，他在德国北部活动过，在那儿建立了一个联系网，这使他在纳粹党里的位置举足轻重。斯特拉塞声称自己是一位"同事"，而不是"追随者"，他不愿意按照希特勒的要求

23

在冒着浓烟的骨灰瓮下方，头戴帽子的柏林人正在参加弗里德里希·厄伯特总统灵柩的安放仪式。这位魏玛共和国总统的突然去世打开了1925年竞争激烈的大选之路。

绝对效忠于他。事实上，他后来成了希特勒的党的领导地位的唯一真正挑战者。不过在目前，他还愿意接受那位领袖的诡计多端的安排，来负责北方的党组织。这种安排给斯特拉塞一定的自主权，使他不至于挡着希特勒的道，延缓了他们两人之间不可避免的对立冲突。

禁止希特勒在公开场合演讲的那道命令，以及剥夺了他主要收入来源的其他一些禁令，并没有让他气馁。不管怎样，他需要在幕后工作，以建立一个自上而下的党组织机构。禁令的期限甚至有利于他：德国在现阶段还较为平静、繁荣，因而人们并不欢迎极端主义者的论调。禁令并未能阻止他在私人家庭里给40人或50人这样的小组进行宣讲，因此他经常这样做，而且他的收入

3位竞选总统的候选人的海报出现在同一根宣传柱子上——左翼的恩斯特·特尔曼，民族主义党的卡尔·亚雷斯，中央党的威勒姆·马克思。

也有所增加，因为他在报刊上发表文章可以得到稿费。他去全国各地旅行，在有组织的秘密会议上讲话。每到一处，他还精心营造个人崇拜的氛围。1925年4月，面临被驱逐出境的威胁，他巧施计谋，化险为夷。他马上去了一趟他的出生地，奥地利的林茨，要求废除他的公民权。考虑到他已是德国居民，并为德军服役过，奥地利政府官员很快同意了。因此，在1932年一位支持纳粹的州长给他德国公民权之前，希特勒实际上是一个没有国家的人。

同时，1925年2月弗里德里希·厄伯特总统的突然去世使大选提前，这次大选反映出各个选区的尖锐分歧。54岁死于阑尾炎的厄伯特是一位社会民主党，他巧妙地带领共和国摇摇晃晃地度过了最初的几年。在魏玛共和国的范围内就有7位竞选继任的候选人，左翼有恩斯特·特尔曼，右翼有纳粹党的鲁登道夫。3位主要的竞选人是社会民主党的奥托·布劳恩，中央党的威勒姆·马克思和民族主义党的卡尔·亚雷斯，他们大致上都属于保守派，都反对共和制。3月大选时，亚雷斯票数第一，布劳恩第二，由于没有哪一个候选人赢得大多数选票，因此有必要再举行一次大选。

在接下来的大选中，得到纳粹党支持的民族主义党现在抛弃了亚雷斯，很精明地转向一位78岁高龄的战争英雄——保尔·冯·兴登堡，他或许是全国最受尊崇的人物。支持共和制的派系——中央党和社会民主党——则联合在马克思的旗下。兴登堡以3.3%的优势赢得大选，这要部分归因于许多共和制派系在最后的时刻抛弃了自己的信仰，转而去支持他的对手。这位年长的陆军元帅终生都是一个君主主义者，承认要他领导一个与他的信仰相异的政府并不让他感到很舒服，不过他答应无论如何要尊重民主立宪。事实上，他的竞选成功具有讽刺的效果，许多反民主的德国人进入了魏玛政府。

德国选出的总统是一位战争英雄和君主主义者，对此，外交部部长斯特莱斯曼不禁担心协约国的反应。然而，不管怎么说，他却通过谈判使法国军队于1925年8月从鲁尔地区撤走。他还提高了德国的国际地位。他在《洛迦诺公约》的制定过程中发挥了重要作用，该公约是在同一年末期签订的旨在保障德国、法国和比利时边界的一系列协议。

希特勒此时住在慕尼黑一个工人小区的一户两居室屋子里，地上铺着油毡，不过他并不经常住在这个简陋的环境里，而是待在巴伐利亚的阿尔卑斯山区。在风景优美的阿尔卑斯小山村贝尔特斯加登，他于1925年夏季口授完成了《我的奋斗》的第一卷，并马上开始写作

第二卷(1926年末问世)。他的生活来源主要依靠书的版税(1925年销售了9473册,次年6913册)、文章稿费、富裕的支持者的赠予以及流进纳粹党金库的任何收入。当税收官员向他提出质疑时,他叫穷,说自己只是一个靠税收返还过日子的作家。他说:"我在任何地方都没有可以称得上是我自己的财产的东西或其他资产。我严格限制我的个人所需,吃饭都是在廉价饭馆。"税收调查员们尤其感兴趣的是他那辆昂贵的红色奔驰六座车,车里随时有一位私人司机,因为希特勒不会开车。希特勒辩解说,那辆豪华车"只是为了达到一个目的的一种手段",有了它,"我才能够完成我的日常工作"。他一生都喜欢开快车。离开监狱的那天,他要那位用车接他去慕尼黑的人加快速度,但司机却回答道:"不,我还打算再活25年。"

在去山区期间,希特勒总爱穿着吊带皮裤,在森林里漫步。("穿西装长裤对我来说总是一件痛苦的事。"他曾这样写道。)有时,他会离开慕尼黑好几周,露面时也只是为了发布命令或提出指责。他最终在贝尔特斯加登附近租住了一幢漂亮的木结构别墅,他在一些富有的朋友们的帮助下还特意装修了一下。这些朋友包括作曲家理查德·瓦格纳的亲戚。

在大多数社交场合,希特勒感到很不自在,所以当有人建议他学华尔兹舞时,他拒绝了。他说,跳舞"太女人气"了。他也拒不游泳,声称政治家不应该穿着游泳裤照相。他也同样反感别人建议他去美国或亚洲旅行或再学一门语言。"你认为我能从他们那儿学到些什么？"他这样问道。

在贝尔特斯加登，希特勒恋爱了。他认识了一位名叫米兹·莱特的女店员，他俩是在本地的一座公园里遛狗时认识的。姑娘的姐姐因为他俩年龄悬殊而反对他俩接近：莱特才 16 岁，而希特勒已三十有六。但希特勒坚持不懈。他邀请姐妹俩参加了一次纳粹党的会议，逗她们开心，这样很快他就陪年轻的莱特频频外出了。根据莱特的说法，在他俩关系初定不久时，有一次散步到一个僻静的角落，希特勒停下，突然吻了她。她回忆道，"他曾说'我要压扁你'。他充满疯狂激情"。她梦想结婚，但希特勒不愿意。在贝尔特斯加登和慕尼黑断断续续相处了大约两年后，莱特曾试图用一根布条吊在门把上把自己勒死。在她倒下昏迷时，她的哥哥发现了，救了她的命。

1925 年中期，希特勒在山区逗留了过长的时间。这有可能使他分心，未曾注意到一次针对他权威地位的挑战，这挑战迅速演变成公开的反叛。反叛的领袖是格雷戈尔·斯特拉塞，那位负责德国北方纳粹活动、和蔼可亲而又不怕恫吓的人。斯特拉塞在柏林建立了一家日报，并且作为一名勤奋的、卓有成效的组织者，他因同情低下阶层人民而拥有一批追随者。让希特勒吃惊的是，斯特拉塞很重视国社党中"社会主义"这个词，他想把党建成德国的无产阶级政党——而同时又拒绝国际共产主义。在这次偏离领袖既定道路的反叛中,他的主要盟友是一位受过良好教育的、在纳粹党中正名声显赫的莱茵兰人——保尔·约瑟夫·戈培尔。

戈培尔在政治上和人格上都是一个很复杂的人。他的天主教的父母要他成为一名牧师。孩童时,他患了一种病,这病使他的一条腿肌肉萎缩,变得比另一条腿短了一截。他是一个很聪明的学生,但被同学们视为很清高。他渴望成为一名作家,上了8所不同的大学,最后在海德堡大学拿到了文学博士。二十几岁时,他写了一部很浪漫的自传体小说,但未能出版,还写过好几部剧作,但都没有上演;戈培尔曾想在新闻界找活干,但也归于失败。

1924年当他27岁时,他加入了纳粹党。他很快找到了适合自己的角色——发言人和撰写人。他对宣传工作的那份直感可与希特勒媲美。斯特拉塞对戈培尔的演说才能印象很深,于是雇他当秘书。戈培尔还是一份为党的领袖们编的双月刊时事通讯的编辑。像斯特拉塞一样,戈培尔不顾希特勒在《我的奋斗》一书中对劳动的尖刻抨击,倾向于社会主义,认为纳粹党应该代表工人和工会。他甚至建议,纳粹主义和共产主义说不定可以联合统一在德国的民族主义之中,他曾公开向一位德国的共产党人说,他们"并不是真正的敌人"。

斯特拉塞和戈培尔都抱怨纳粹的权力如何集中在

"慕尼黑那些思想僵化的人手里"。他们想给 1920 年通过的"二十五点"党章里增加一些意识形态方面的内容，他们想更多地强调一些社会主义的目标，比如对工业和大型资产实行公有制。斯特拉塞的社会主义概念实际上也是模糊不清的，但他认为党的教义比党的领袖更为重要。仅此一点就足以使他走上与希特勒相碰撞的道路。

预谋中的反叛静悄悄地始于 1925 年夏末的北方地区的党的领袖大会。地区领袖们小心谨慎地不直接去批评那位最高领袖（除了私下里说"慕尼黑的那位教皇"），组建了一个以斯特拉塞为首的委员会，负责起草新的党章。斯特拉塞的位置很微妙。如果他要出马赶希特勒下台，他会对此缄口不语的。在相互之间反复争论之后，阴谋者们起草了一份与"二十五点"党章不同的党章。新修订的党章在总路线上变动不大，但侧重点有些不一样了。它仍重复反闪米特人的老调（把近年来的犹太移民驱逐出境，剥夺犹太人的德国公民权），扩大并澄清了经济的领域。斯特拉塞把这份材料在北方地区的领袖中散发，但对慕尼黑只字未提此事。

一个新的国家问题的出现——左翼各党要求国家剥夺被废黜的德国皇室家庭的钱财——使纳粹党内的反叛公开化了。斯特拉塞和戈培尔支持这一想法，认为纳粹党应该支持，以显示它与无产阶级的团结一致。希特勒极力咒骂这一想法，他正在讨好保守派，说自

1925 年 10 月 16 日，外交部部长古斯塔夫·斯特莱斯曼在瑞士的洛迦诺与新闻记者们笑谈。当时，他刚签署一项保障德国边界不会因《凡尔赛条约》而变更的公约。《洛迦诺公约》使德国进入"国际联盟"组织。

已是一个坚定的反共产主义者和忠实的私有财产捍卫者。他把没收皇室财产的要求指责为犹太人的一个骗局。希特勒的反对是很有针对性的。纳粹党内部的公开分裂现在好像是不可避免的了，斯特拉塞于是在1925 年 11 月 22 日把北方的各地区领袖召集到汉诺威，举行了一次摊牌会议。

戈培尔在一开始就挑起了一次骚动，他要求把希特勒的代表、经济理论学家戈特弗里德·费德尔驱出会场，理由是，他是那位最高领袖的"探子"，但 25 人小组以微弱的多数投票让费德尔留了下来。除了其他的分歧外，这次会议还暴露出在外交政策问题上党的路线的分裂。戈培尔和另外一些人要求与苏联结成联盟反对"犹太－资本主义的西方"，批驳希特勒关于俄罗斯阻碍德国扩张的观点。事实上，戈培尔成了会上最显眼、最喧嚷的人。根据一位参会者回忆，当费德尔说党的政策在最高领袖缺席的情况下发生如此剧烈的变化是秩序失控时，戈培尔跳起双脚，大声叫道："在这种情况下，我要求把小资产阶级阿道夫·希特勒从民族社会党中开除出去！"静悄悄的反叛不再是静悄悄的了。

汉诺威会议的反叛者们同意政府可以夺取皇室财产，只有两票反对。他们还以同样一边倒的优势通过了斯特拉塞的新党章。这一大胆的挑战使斯特拉塞采取了进一步的措施：他拒绝走希特勒的合法立宪的战略道路，主张实行他所谓的"灾难政治"，即重新回到曾引起那次暴动的军事行动上来。然而，这一提议没有得到投票通过。费德尔匆匆赶回慕尼黑，向最高领袖汇报了汉诺威的情况。

希特勒对北方的背叛一直持沉默态度，但现在是这些背叛者们逼迫他动手了。他认为党章没有什么要修改的。对他来说，问题始终取决于他自己：党的政策就是他说了算，不能再多，也不能再少。因任何原因蔑视他的党章中的任何一部分都是对纳粹主义和作为纳粹主义化身的他本人的背叛。在1926年2月14日德国南部城市班贝格举行的一次党的领袖大会上，他以绝对肯定的语气向他的追随者们强调了这一意思。

希特勒精心策划了这次对立行动。他让大厅里坐满了来自南部各地的忠实代表，要求全城都要悬挂旗

希特勒穿着20年代末期巴伐利亚式吊带皮裤和夹克衣在贝尔特斯加登附近的山区度假。早在购买阿尔卑斯山区的一处休养所之前，希特勒就已过着时髦安逸的生活，因为一位寡妇很慷慨地把她的别墅以每月100帝国马克（约27美元）的低价出租给他。

帜、张贴海报。他来会场有车队护送，俨然一国之主。他登上讲台，讲了4个小时，从不直接抨击斯特拉塞或戈培尔，只是一点一点地反驳他们所持的颠覆立场：二十五点党章是神圣不可侵犯的——它是人们用鲜血换来的。没收财产是错误的，因为纳粹党代表的是私有财产。俄罗斯是德国的敌人。走合法的夺权道路从战术上来说要优越于暴力革命。一阵夸夸其谈之后，希特勒结束了讲话，接下来是不冷不热的30分钟辩论。戈培尔在当晚的日记中曾写道："斯特拉塞讲话时，语气犹豫、声音颤抖、举止笨拙。天啊！善良诚实的斯特拉塞，与下面那群猪相比，我们是多么可怜的一对！"戈培尔本人也被征得说不出话。希特勒很随意地把一只手臂搭在斯特拉塞肩上，很开朗地告诉他要他用党的经费"好好养一下自己的身体，做自己力所能及的事情"。希特勒再一次无可争议地保持着统治地位。在元首的要求下，斯特拉塞要他的同谋们把他当初散发的党章草案退回来。而从此以后，希特勒禁止再有类似斯特拉塞开创的这种"工作小组"。

斯特拉塞暂时还是一个忠实的纳粹分子，不过希特勒从未成功地完全降服他。戈培尔的情况可不是这样。几周之内，他就经历了一次巨大的转变，成了希特勒最热忱的助手。班贝格会议上的失败击垮了戈培尔，不过很奇怪的是，他的反应好像是希特勒背叛了他似的。他哀叹道："我的心在痛。我的最大的一次失望。我再也不能完全相信希特勒了。这很可怕。我失去了我的内在支持。"但是，元首却在央求他、讨好他、关心他——要他在慕尼黑演讲，赠给他汽车，亲自给他通电话，邀请他去贝尔特斯加登。戈培尔在4月份的日记里承认道："我热爱他。我服从那位政治天才。"戈培尔足够精明，能使自己与这位纳粹苍穹中的孤独之星套上关系。他曾动情地说："跟着他，你能征服世界。我跟他跟到底。"

6月份的一次全国范围的公民投票表决使德国政府原本有可能没收皇室财产的愿望破灭了。这样，戈培尔的倒戈效忠得到了进一步的肯定。两个月后，他公开断绝与斯特拉塞及其北方那些同事们的关系。"不要谈这么多的理想，"他在一封公开信中这样指责他们，元首"就是神的意志的载体"。

在取得班贝格会议的胜利后，希特勒进一步采取行动，旨在加强他对纳粹主义方方面面的控制。他创立了一套纳粹党司法制度，通过内部处置党内争吵和实施惩罚制来维护党纪、加强控制。任命的第一位司法长官错误地以为自己的工作是惩治腐败，而不是像元首所说的

因位于德国中部的魏玛市而取名的魏玛共和国在1919年有了自己的宪法。令人困惑的是，它不属于联邦各州的任何一个，其北面是普鲁士州，南面是巴伐利亚州。希特勒把这些内部的分裂看作是对德国恢复其大国地位的威胁；他呼吁建立一个统一的帝国，这样，纳粹分子就可以"在全国范围内不必考虑以前联邦各州的边界"而任意行动。一旦实现那一目标，希特勒就将把注意力转向德国的周边邻居，"为德国人民寻求获得他们应该得到的土地"。

严肃纪律。结果，他很快被解职，接任他的是一位更容易控制的人。

恢复了内部的团结一致后，纳粹分子于1926年7月3日和4日在魏玛举行了3年来他们的第一次党日集会。在希特勒看来，魏玛是举行这一活动的理想之地，因为他决意要推翻的魏玛共和国7年前就是在那儿诞生的。或许更重要的是，魏玛位于图林根州，是允许希特勒公开演讲的少数几个州之一。他在魏玛大会上强调的指导方针是，辩论没有用处，桌面上能有的提议就是那些已经通过的提议。这次大会的目的是"给纳粹运动以新的激励"，不能有汉诺威会议的回音。

会议参加者收到一个按分钟计的时间表及一些详细的指示——服从警察，不要在会议厅和卧房里吸烟，花50芬尼买一个党日徽章。第一天早晨，从巴伐利亚开来的一趟专列上走下2000名身穿吊带皮裤的忠实分子。他们在军乐的伴奏下正步走过大街。第二天早晨6点起床号响过以后，"冲锋队"举行了圣旗宣誓仪式。接下来是一系列会议和演讲，最后才是主题——希特勒关于"政治、思想和组织"的讲话。这又是一次冗长的演讲，其中声讨了德国在世界舞台上苍白无力的角色，呼吁激发日耳曼民族的自豪感。他宣告，魏玛政府签订的那些条约"对我们来说都是无效的、无束缚力的"。当希特勒讲完后，5000人组成的游行队伍接受检阅，这位元首和他的部队第一次相互交换了僵硬的举臂式敬礼，这是从意大利法西斯分子那儿学来的。

　　非纳粹报刊对这次周末集会的反应有漠然置之的，有嗤之以鼻的。有报纸报道说纳粹的代表们在咖啡馆里争吵，干扰了居民的生活，于是，纳粹党报马上对这些"犹太人控制的"新闻喉舌进行反驳。不过，希特勒并不怎么担心来自党外的批评，他觉得他所发起的纳粹运动的未来完全取决于他说服别人的能力。他自信他的主要武器是言辞，所以他认真磨炼自己的演讲技巧，琢磨出两种对立的但同样有效的演讲风格。当面临忠实的人时，他充满激情和戏剧性，涨红着眼睛，还不时捶打讲台，仿佛快要失去控制似的。而当对非纳粹党员讲话时，他看上去或听起来都蛮有道理的，从而更具说服力。例如，1926年年初在汉堡的一次私人小组会上，他平静地说纳粹的发展道路不是种族主义，而是爱国主义。他说这番话时运用了更多的逻辑，而不是激情。所以，当他讲完时，那些保守的人们都给了他热烈的掌声。

　　他的演讲好像都是即兴发挥的，但事实上，他是认真准备了的，他每次都把关键词句写在纸条上。他在一位精通肢体语言的星相学家的指导下设计了一些讲台手

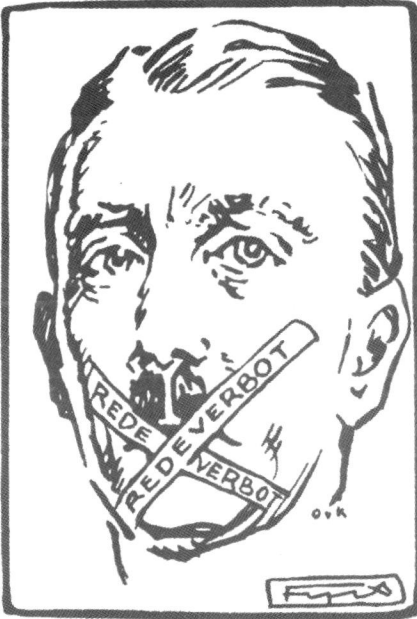

1926年的一幅漫画上画着希特勒的嘴上贴着"禁止言谈"的封条。之所以巴伐利亚政府要他保持沉默，是因为希特勒在一次讲话中说，纳粹分子的战斗"不是依据中产阶级的标准，而是踏着尸体"。

势。希特勒在一次演讲期间要喝下多达 20 小瓶的矿泉
水，有时还会在讲台上放些冰以凉爽他的手。当纳粹党
在 1926 年下半年建了一所公共演讲学校时，希特勒的
许多演讲技巧成了学校的教条。

　　每次公开露面之后，希特勒都要着手处理党内的一
些问题。随心所欲的"冲锋队"队员自以为有很大的独
立权，拒绝承认党的最终领导权威。在魏玛集会后不久，
元首采取行动控制住了他们，他挑选了一位好像要更顺
从的"冲锋队"队长代替那位不忠的恩斯特·罗姆。希
特勒任命弗兰兹·菲费尔·冯·萨罗门（一位前陆军上尉）
担任新的队长，命令他淡化"冲锋队"的军事特性，而
侧重于体育运动，宣传教育和群众威慑。拳击和柔道将
代替枪支的操练。"冲锋队"将通过群众游行向左翼分
子显示，"国家社会主义者是大街上的未来主人"。

　　然而，事实证明，菲费尔不像元首所预料的那么顺
从。这位新队长和组成"冲锋队"大多数人员的老兵们
从来没有放弃展示他们在罗姆手下时的那种强硬的军事
立场。当他们为纳粹主义举行游行活动和敬礼时，他们
仍然认为自己即便不比纳粹党的文职部门优越一等，至
少也是平起平坐的，他们千方百计地想把文职部门踩在
脚下。菲费尔的主要贡献是他的组织结构图中充斥了大
量行政缩略语。

　　希特勒在试图压制另一场对他的霸权地位进行慢性
抵抗的斗争中做得更成功，那个抵抗组织是"红色柏林"

难以驾驭的、派系倾轧的党组织。柏林的纳粹区只有大约 1000 名成员，在招募新成员的竞争中，他们排到了可怜的第三位，输给了组织得更好的社会党和共产党。每次区会议都开得闹哄哄的，没有结果，因此一些成员要求希特勒任命一位新的区领袖。1926 年 11 月，希特勒选中了正青云直上的宣传大师约瑟夫·戈培尔。

戈培尔在几周之内就把柏林扶上了道。他处理得果断有力，有 200 名成员当场就被解了职，这是他愿意付出的代价。他清查了党的经费，举行群众大会。在所有区级领袖中，只有他被希特勒授权可以使用"冲锋队"小分队。他曾派"冲锋队"到大街上寻事挑衅共产党人，结果使纳粹党的基层组织变得强大而团结。

对希特勒来说，把戈培尔安插在柏林还有另外一个有用的目的——使斯特拉塞威信扫地。斯特拉塞在柏林的党报的自由倾向使戈培尔大为不满。在斯特拉塞看来，戈培尔是一个背叛者，因为他投靠了希特勒。随着柏林的这两位纳粹高层人物敌意的加深，戈培尔买下了自己的报纸《进攻报》，这是用来对付斯特拉塞的。戈培尔还采用人身攻击手段，派他的"冲锋队"队员殴打斯特拉塞的追随者。当斯特拉塞向希特勒抱怨时，这位元首表示无能为力。

戈培尔，这位被柏林的纳粹分子称作"我们的医生"的人，有着一种挑起事端的天才。他在共产党人经常聚会的一个大厅里召开了一次群众大会，在会场里布置了

"冲锋队"队员，以期待争论的发生。当自由辩论开始时，阳台上的纳粹暴徒冲进会场，用椅子、瓶子和啤酒杯猛扎寡不敌众的共产党人。在展示这次残忍实力之后的几天里，约 2600 份入党申请涌进了纳粹党的总部。

　　然而，在另一次会议上，戈培尔做得太过火了。当一位责问者打断了会议的进程时，戈培尔叫他的"冲锋队"暴徒殴打了那个人并把他扔出了会议厅。那位被冒犯的人是一位年老的前部长，他受到纳粹党分子如此对待引发了一场公众骚乱。这次事件后不久，警察局长禁止在本地举行聚会活动。尽管这一禁令将持续 11 个月，但戈培尔很快就找到了应对的办法：他把他的聚会冠上一些骗人的名称，诸如"冒险资金储蓄俱乐部""保龄球协会"和"巨波游泳俱乐部"等。

　　戈培尔在柏林的寻衅闹事战术反映出希特勒为了招募新成员而做出的一项较为隐秘的决定。为了吸纳更多的人，希特勒不得不求助于德国的中产阶级，这实际上是一块很肥沃的土地：中产阶级一方面害怕劳动阶级和共产主义的威胁，另一方面又怀疑共和政府和有钱的权贵，他们是希特勒的仇恨与权力学说的天然接受者。为争夺德国的大工业城市的工人，希特勒此时看到了一次与共产党进行较量的机会。他把这项"城市计划"看作是通向纳粹辉煌发展的康庄大道，即使这意味着要与马克思主义者一决高低。"元首的思想意识一直是很灵活的：如果选票掌握在'红色'城市里，他将把国家社会

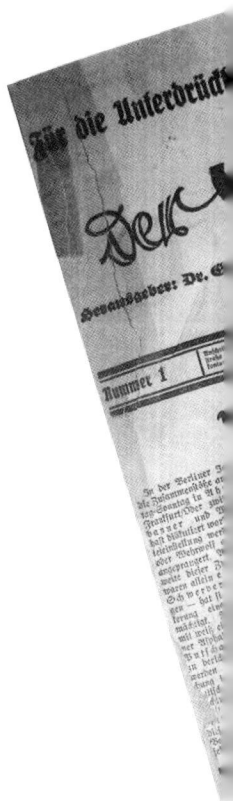

1927 年 7 月 4 日，约瑟夫·戈培尔在柏林出版了纳粹报纸《进攻报》的第一期。图为戈培尔在尖声警告共产党可能会发起一次暴动。报纸左下角的漫画人物是犹太人银行家雅各布·哥德施密特。

1. 仇恨的政治

41

党染成红色，"戈培尔写道，"如果能把 20 多个城市发展成我们革命运动的不可动摇的基础"，纳粹就将上台。最关键的要素，如他在柏林所展示的那样，是强大的地方组织和大街上的"冲锋队"。

1925 年 3 月 5 日，禁止希特勒公开发表演讲的禁令颁布后两年，巴伐利亚再次取消了这一禁令。作为交换，希特勒保证遵守法律。4 天之后，他回到慕尼黑一个他以前曾多次做过成功演讲的地点。在那儿，他面对 7 000 名听众又作了一次激情演说。

这是一次盛会，壮观又热烈。这是一次有意策划、精心设计的大会，掏走了听众所有的热情和部分钱物。一份警察报告对现场描述道："热烘烘的空气中充满了喧嚣和激动。乐队奏着催人奋进的乐曲，一批又一批的人群不断地涌入。到处都有人在叫卖。在售票处，每人都得了一份'国家社会党'的宣传单子，在入场处还给每人手里塞了一张小条，警告大家不要惹是生非，要维护秩序。还有卖小旗帜的，'欢迎旗，一面 10 芬尼'。这些小旗帜有黑色、白色、红色或全红色，上面都有万字饰。妇女们是买得最多的人。"

当希特勒进场时，人群爆发出一阵欢迎的"嗨"声。当元首同他的随员们一路走过登上讲台时，人们站在椅子上，一边顿着双脚一边欢呼不已。一阵喇叭声让人群安静了下来，然后"冲锋队"队员们开始了游行，走在前面的是鼓手和举着旗帜的人——"每面旗帜上绘有一个花环，花环里是万字饰，还有雄鹰，真是壮观夺目，模仿的是古罗马军队的标准"。

当游行队伍站立稍息时，希特勒走到前台，"他讲话时没有稿子，刚开始的语气缓慢而有力量。后来，语句连珠炮似的蹦出来。在说到情绪夸张时，他的嗓音变得沙哑而高昂，不再那么有灵性了。他又是挥手又是舞臂，激动得要跳起来，而成千上万的观众听得全神贯注。当掌声打断他的话时，他很戏剧性地举起双手"。

善于表演和纪律严明现在成了纳粹党集会的两大特点，这两大特点 5 个月后又在漂亮古老的帝国之城纽伦堡再次展现。在这次集会上，"冲锋队"队员、新成立的"希特勒青年军"成员、无法无天的柏林纳粹分子以及其他代表分乘 47 列专列赶到。一位报社记者注意到，大多数到来者好像是"年轻的办公室职员和大学生"。他们聚集在城外一块很大的空地上，这儿曾是齐柏林驾驶飞艇着陆的地方。在集会的第三天，15 000 多名"冲锋队"队员按团和营编制举行游行，每个编制单位都有自己的旗帜和乐队。游行队伍的最前面是阿道夫·希特勒。

纽伦堡大会上的纳粹发言者们都抱怨党的经费紧缺（希特勒曾亲自在听众中募捐过），并同意建立一个科学协会，希望吸引知识分子入党。希特勒的讲话强调了两点，一是生存空间，二是由多数人统治的政体的弊端。图林根州的代表阿图尔·丁特提出了最早的有系统的反

希特勒在1927年的纽伦堡纳粹党集会结束时向狂热的游行人群行礼。站在元首堆满鲜花的奔驰车的脚踏板上的，是不久前刚被任命为"冲锋队"队长的弗兰兹·菲费尔·冯·萨罗门。

闪米特人的法案,这些法案成了后来1935年《纽伦堡法》的前兆:犹太教是非法的;犹太人不得享受德国公民权,不得教书育人,不得拥有财产或婆嫁雅利安人;与非犹太人有着密切关系的犹太人将被处以绞刑。这是后来发生的很多事情的一个丑恶先兆。

在纳粹主义处于低潮的大多数岁月里,希特勒被禁止公开发表演讲,不过他一直在全力以赴地重点发展党员人数,建立一个强大的基层组织。在1925年4月,他周围的核心党员只有521人。到同年的12月,党员人数猛增到约5万,1928年达到7.5万,次年又增至10万。党的忠实分子主要是小商人、工匠艺人、白领工人、低收入公务员和大学生。1928年,当农民开始感到经济困难时,他们成了支持纳粹党的另一重要力量。

党的组织机构的最上层当然是高高在上的元首一人,在这权力阶梯上紧接其下的是党委,党委由一位书记、财长和总书记组成,再下面是等待上台的政府各部。希特勒认为,当旧的国家机器不能运转时,一个"新国家"必须做好准备,所以已经拟定好了政府各部:司法部、外交部、经济部、农业部、内务部、科学部、劳动部、新闻部、工业部、种族和文化部、宣传部。

区一级的党组织是纳粹党组织机构的核心。区领导每月要给慕尼黑总部呈交一份工作进展报告,不过多数时候他们自行管理自己的辖区,不会受到上一级权力部门的干预。希特勒挑选他的各位区领导时非常细心。他挑选的都是些有效率、勤奋和忠诚的人,任何达不到这些要求的人将很快被换掉。因此,各区实际上都能自行管理,这使希特勒可以侧重去考虑党的战略及其他长远的问题。

区以下的单位是镇或村,每一个镇或村至少要有15名左右的党员。这些地方小组经常在区会议上碰头,往往挑选出一位很会煽情的演说者。演说者们会很巧妙地把一些地方问题与纳粹主义扯上关系,根据不同的听众群体使用不同的措辞。例如,在主要信奉路德教的地区,演讲中可以带一定的反天主教倾向,反之亦然。

在纳粹党的早期,这样的集会提供了使党运作所必需的大量资金。不仅入党要交费,而且在晚间的集会上还经常募捐,募来的款项通常与入党费持平。区委还开商店,通过售卖纳粹徽章、制服和宣传册子等方式集资。从这些地方基层收集到的资金远远超过希特勒在纳粹党初创时期从富裕的保守派分子的口袋里掏出的钱。

希特勒通过创建一批能满足各种不同团体的附属组织使纳粹党变得很有吸引力,其中包括"希特勒青年及纳粹德国学生团""教师团""律师团""医生团"。甚至园艺工和农场饲养员也有他们自己的附属组织,1928年还组建了"纳粹妇女团"。

格雷戈尔·斯特拉塞,汉诺威异端分子的昔日领袖,现在仍是党内的一位重要人物,他于1928年1月被任命为政治组织部部长。斯特拉塞对希特勒的态度好像变得恭敬从命了。他曾写道，"我对国家社会主义思想的最诚挚的追求与我对元首本人的深深的爱是联系在一起的"。在这之前曾宣誓效忠的戈培尔被任命为宣传部长。

另一位注定要成为希特勒杰出助手的人在经过 4 年流亡生活后已回到德国家中，他就是一次世界大战中的飞行之王赫尔曼·戈林。1923 年啤酒馆暴动后，戈林逃离德国，这些年来的大多数时间一直待在瑞典，并与一位男爵的女儿结了婚。他仍然是一个热忱的纳粹分子，是希特勒与有钱阶级之间的纽带。1927 年年底回到柏林后，他成了德国国家航空公司汉莎公司的顾问，并恢复了同皇室家庭和工业界巨商们的友谊。希特勒指定戈林与戈培尔、斯特拉塞及其他人共同参加 1928 年的国会大选。

到 1928 年年初，一切已很明显，希特勒试图从德国大城市中吸收产业工人的计划失败了：工人阶级仍然忠于社会主义党和共产党。由于"城市计划"从来没有正式地宣布过，因而没有必要声明放弃它。该计划就这样流产了。4 月份，有批评家称纳粹分子为右翼极端分子，当希特勒回应这些批评时，他间接地承认要作战术上的改变。他还看重对私有财产的保护——除了犹太人的私有财产外。因此，纳粹党又回到了它的天然土壤——中产阶级，同时更多地注意争取农民。

对纳粹党和其他极右党来说，5 月的大选结果又使它们遭受一次挫折。希特勒本人在放弃奥地利公民权后

在充满希望的1928年，保守的政界要人们参加在柏林的国家歌剧院进行的一次演出。左起第二人是外交部部长古斯塔夫·斯特莱斯曼。坐在中间、佩戴勋章的是兴登堡总统。

仍然没有国籍，所以他不能参加竞选。但是他的几位指定人，以"希特勒运动"候选人的身份，在3100万张选票中只得了81万张，在国会491个席位中仅得了12席。右翼的民族主义党失去了30个席位，社会民主党赢得了21个席位；纳粹党在这次国会大选中的票数名列第九位。

尽管选民们很明显地排斥了希特勒和其他右翼，这次大选也暴露出德国政局的混乱。社会主义党和共产党的票数增加了，尽管它们的总数还远远不够大多数，而一直主张实行联合政府的中偏右各党也失去了支持。兴登堡总统补缀过一个又一个的短期联合政府，但国会的不断分裂有可能最终使共和国瘫痪。如果发生这样的事，希特勒及其纳粹党就有可能成为一个有吸引力的选择。

　　尽管政治上困难重重，德国这个民族正在逐渐恢复其国际地位和经济实力——这种形势促进了人民的生活，但因此也减小了利用人民不满而发展自己势力的纳粹党的希望。外交部部长古斯塔夫·斯特莱斯曼在外交上取得了一系列光辉的成就：外国驻军从鲁尔地区撤走，《洛迦诺公约》，德国加入"国际联盟"，重申与苏维埃俄国保持昔日关系的《柏林条约》。1928 年，他还代表德国签署了 15 国共同宣布中止战争的《凯洛格－布莱恩公约》。尽管纳粹分子和民族主义分子公开谴责德国的民族自尊受到了践踏，但这个国家再一次被公认为一个大国。由于其灵活巧妙的外交表现，斯特莱斯曼与法国那位受人尊重的外交部部长阿里斯蒂德·布莱恩共同获得了诺贝尔和平奖。

　　从主流来看，1928 年的经济前景好似一片明媚阳光。在社会的某些领域确实存在着一些严重问题。注入德国工业的外国贷款使工厂出现了自动化，这使一些工人丢掉了工作。农业收入正在下降，一些农民由于无力偿还银行债务而正在失去他们的农场。但其他迹象还是令人鼓舞。由于外国贷款的推动，德国的生产比欧洲其他国家增长得快，并已超过了战前水平。生活水平总的来说呈上升趋势，销售额和工资待遇提高了，失业保障和 8 小时工作制等社会改革方案已提上了议事日程，漂亮的建筑物在整个德国大地上拔地而起。

在 1928 年大选时，一些新闻记者就宣称纳粹主义死亡了，这正如 1923 年希特勒被捕入狱时许多人认为纳粹运动没戏了一样。的确，希特勒的名字只是偶尔出现在报刊的头版，一部完成于 1929 年中期的反映魏玛政权历史的书宣称共和国的敌人"已退缩到背后去了"。

然而奇怪的是，希特勒感到很满意。事实上，他正在耐心地等待时机，一旦纳粹运动走上正轨便准备出击。不错，纳粹主义仍然还处于德国政治的外层边缘，而且在巴伐利亚之外希特勒的名字并不为人所知。但是，他已建立起一支有组织、有纪律、有绝对忠诚之心的队伍，这支队伍一直被他这位领袖的狂热思想吸引住。如果他能保持住发展势头，纳粹主义有可能演变成一场群众运动，而他凭借自己高超的煽动技巧是能够支配这场运动的。他唯一所缺的是一颗火星，一种能点燃德国愤懑情绪和民族主义热情的东西——他将很快得到它。

还在 1928 年大选前夕，戈培尔就对纳粹运动作了直截了当的预见，他写道："我们将成为国会的代表，我们将以魏玛自身的国家机器来砸碎魏玛共和国。我们是以敌人的身份来的，我们就像冲进羊群的那匹狼！"

1928 年 9 月初，70 位纳粹党的领导人物下榻慕尼黑，听希特勒总结纳粹党的历史、展望纳粹党的未来。希特勒很高兴地宣布，"元首制"——他个人对纳粹党的极权主义统治——已经牢固地建立起来。他还指出，纳粹挑起的对犹太人的反感情绪已在上升。他说："10年前几乎不存在的事现在出现了。"一贯自信的希特勒要他的党徒们抱定最终必胜的信念。他说他们的任务是要以"狂热的民族主义"教育德国人民，引导他们不要怀有"民主的妄想"。希特勒最后以几句强硬的话语概括了他那残忍的、玩世不恭的世界观："人们相信，在个人自身的实力之外还有诸如和解、理解、世界和平、'国际联盟'、国际稳定等可能性。我们要把人们从那些可怜的想法中引导出来，我们要摧毁那些想法。世界上只有一种权力，那权力就是个人的实力。"

艰难岁月中
磨难的共和国

一个绝好的机会推动了希特勒的上台：经济上的一系列危机使德国发生剧变有了成熟的土壤。其中一大苦难——由德国巨额战争债务引发的通货膨胀——在1923年11月达到了顶峰。政府不分昼夜地印刷纸币，以满足债务的需求，结果使马克急剧贬值，甚至贬到了需要4万多个亿才能兑换一个美元的地步。一位小业主回忆说："通货膨胀使我的一切努力白费。饥饿和贫困再次笼罩住我的家庭。我诅咒认可这种苦难的政府。"像其他许多人一样，这位十分沮丧的企业主开始注意希特勒的那些反叛言论，并加入了纳粹党。

1924年，由于国内的紧缩政策和国外的贷款扶持使马克稳定下来，经济上的混乱有所缓和。但是，5年后美国的股市暴跌又给德国人带来了新的灾难。曾在1923年把贬值的货币满袋满袋地散发出去的各个银行现在关起了大门。通过把值钱的财物典当出去而挺过了第一次风暴的中产阶级市民们现在不得不沿街乞求工作。有太多的饥饿者和无家可归者，德国的福利制度根本无法应对。于是，成千上万的赤贫者不得不靠垃圾为生，或干脆偷窃。另一些人去卖淫贩毒，或加入任何一个答应给他们出路或一顿热饭的极端主义组织。

在这样一个情绪普遍不好的年代，没有哪个组织在投机利用方面比纳粹党做得更成功的了。照约瑟夫·戈培尔的话说，希特勒的党已随时做好准备"以冷静的思考来构筑仇恨和绝望"。

1928年，一个失业者站在科隆的街角处。一年后，超过100万的德国人需要工作。

53

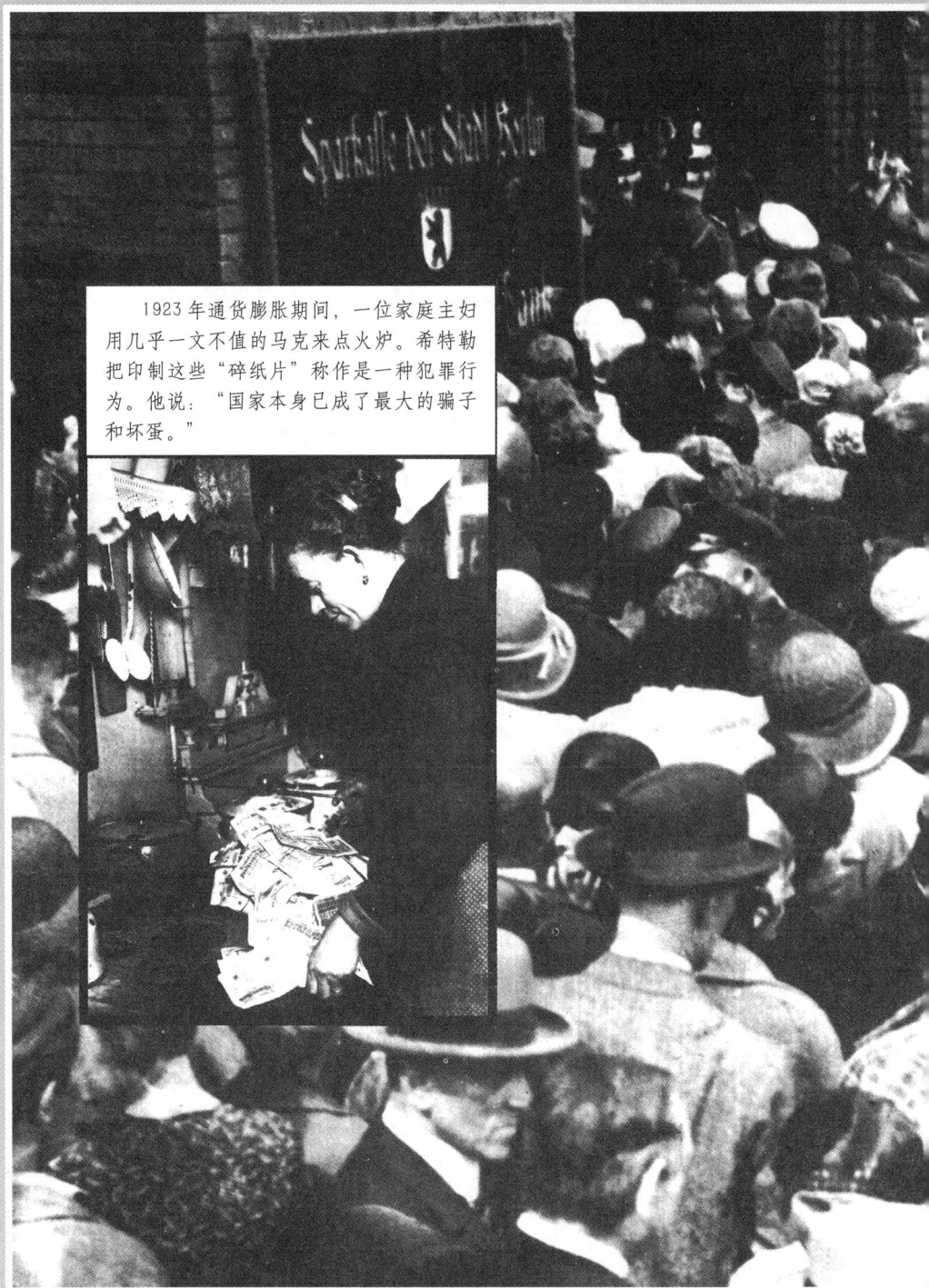

1923年通货膨胀期间，一位家庭主妇用几乎一文不值的马克来点火炉。希特勒把印制这些"碎纸片"称作是一种犯罪行为。他说："国家本身已成了最大的骗子和坏蛋。"

1931年，德国各大银行倒闭后，储户们在柏林国家银行紧闭的大门前徘徊。

一家银行的破碎窗户表明了柏林人的愤怒。1931年，柏林人走上街头，强烈谴责国家的经济形势。国会中的纳粹代表发泄不满，要求没收所有"银行和股票交易所大亨们"手中的财产。

一位表情冷漠的"大萧条"牺牲品在推销自己，愿意"接受任何种类的工作"。到 1932 年希特勒发起总统竞选攻势时，德国已有 600 万人登记失业。

1932年，失业的人们排队站在汉诺威一家就业安置处的门外，旁边的墙上写着"选举希特勒"。

1923年通货膨胀期间，穿着讲究的德国人只好卖掉家中的珍藏品。经济危机耗尽了许多中产阶级家庭的积蓄，使这些人逐渐成为纳粹分子政治宣传的利用目标。

1930年，一位德国母亲和她的孩子在一家户外市场的下水道边从垃圾中捡无核小葡萄干。萧条时期，饥饿问题非常严重，因价格猛跌而面临破产的农民们武装起来，日夜站在田地边抵挡粮秣征收员。

42

1923年圣诞节期间，柏林人吃了一顿免费饭。一位其父亲已失去工作的年轻人很快有了泄愤对象："在我心中燃烧着对政府的仇恨之火。"

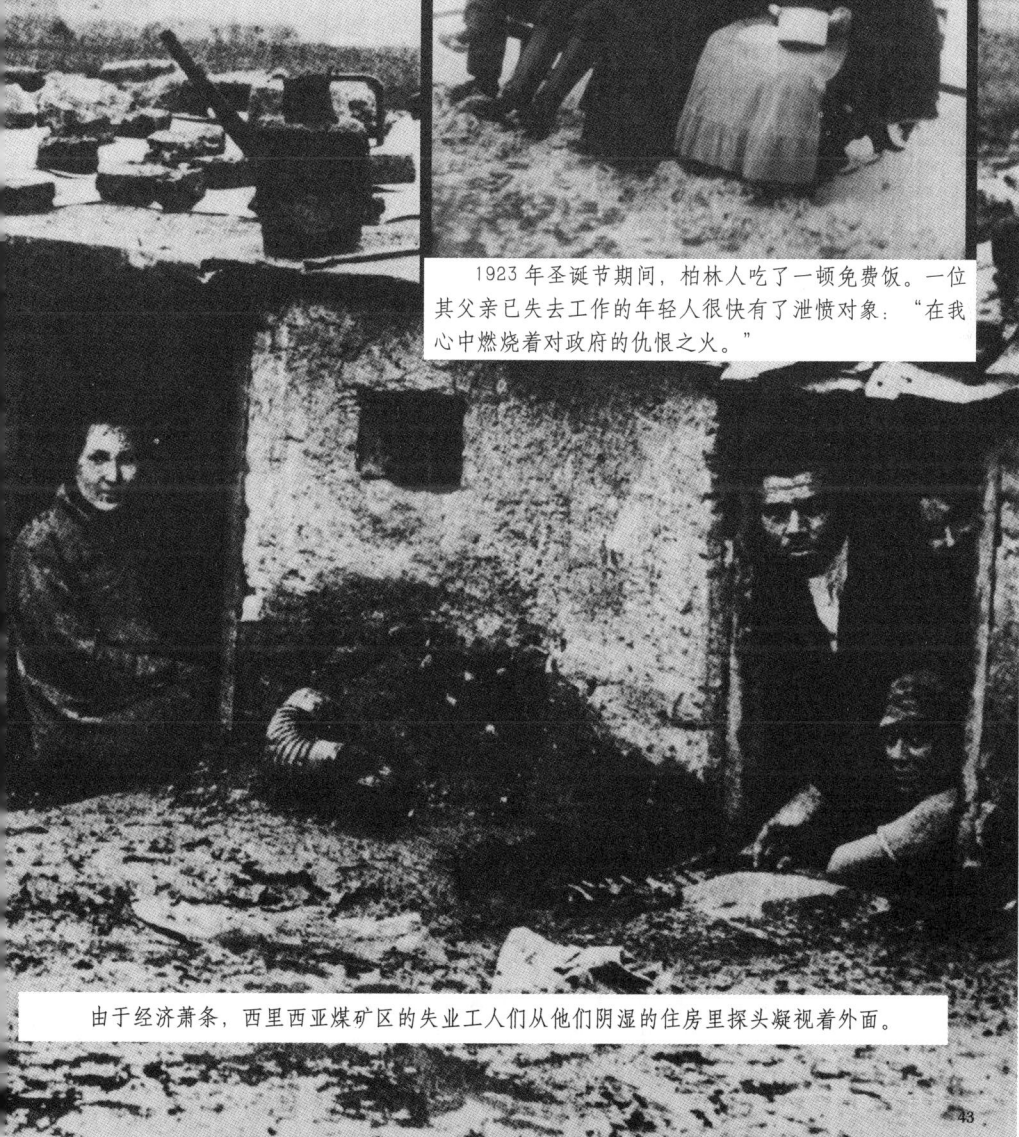

由于经济萧条，西里西亚煤矿区的失业工人们从他们阴湿的住房里探头凝视着外面。

43

一位毒品贩子（左）把可卡因藏进帽子的里衬。毒品走私和妓女泛滥使希特勒发誓要铲除影响德国城市的这一"道德瘟疫"。

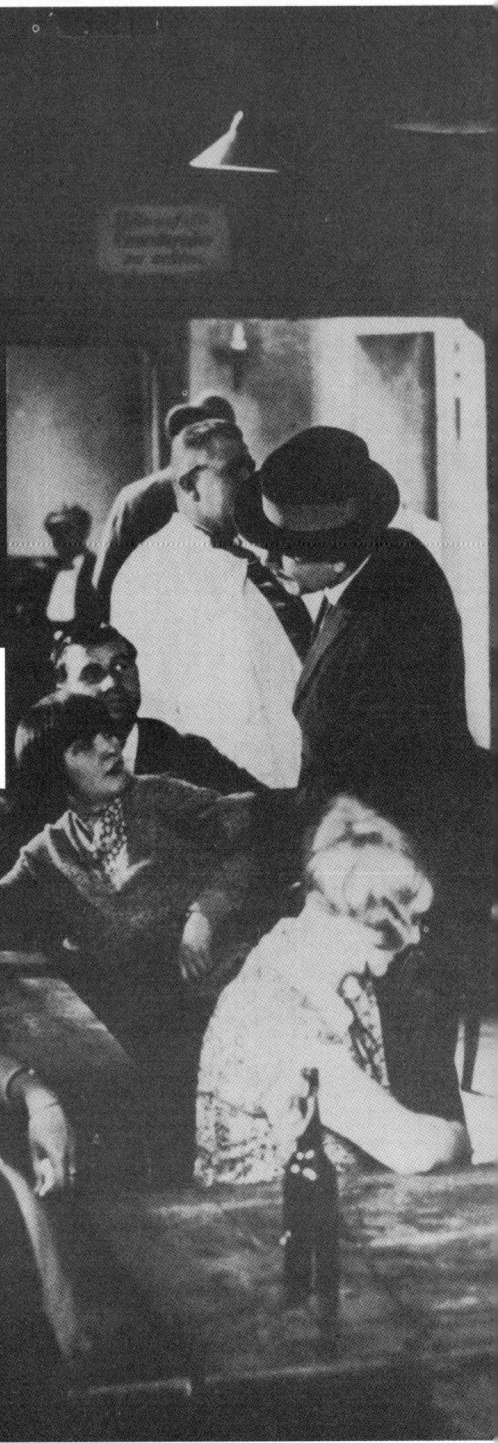

1929年，一年轻女子在汉堡的红灯区招徕顾客。

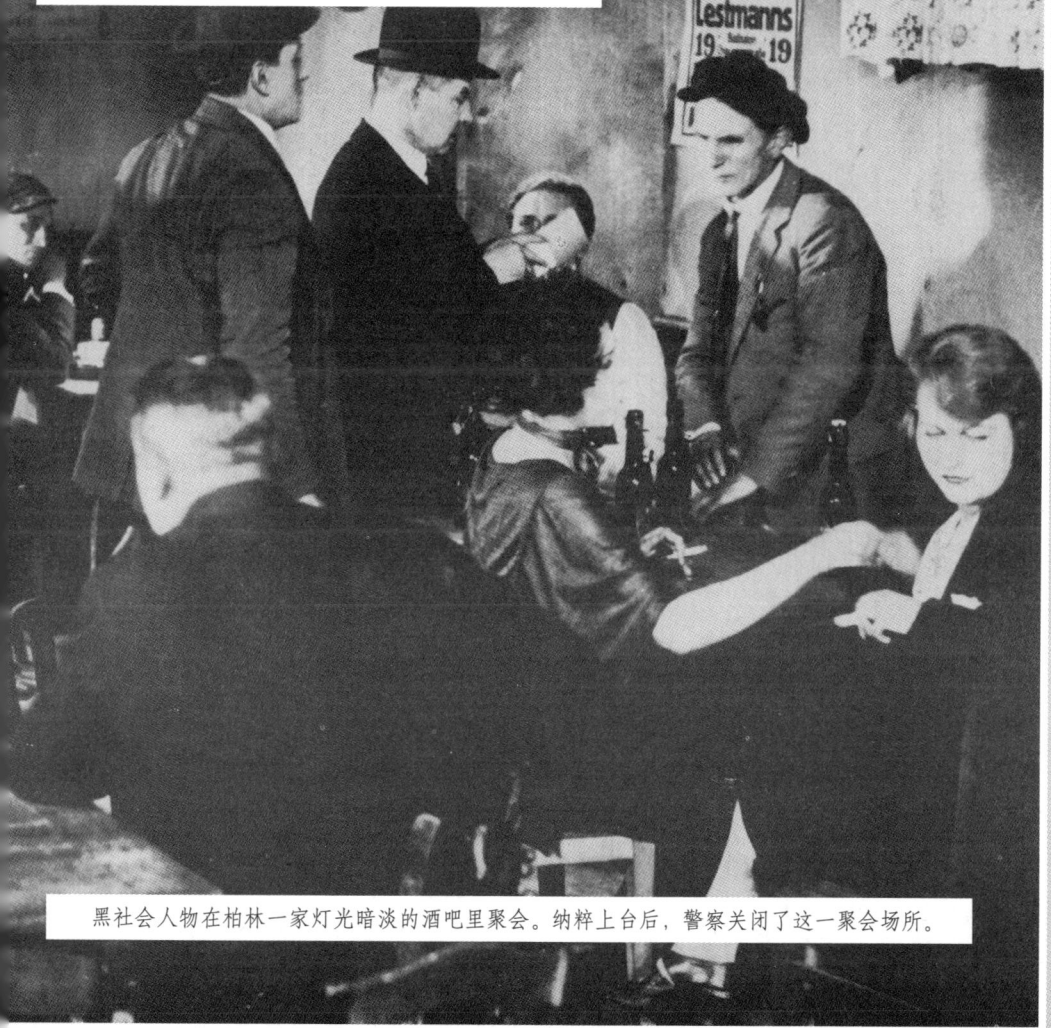

黑社会人物在柏林一家灯光暗淡的酒吧里聚会。纳粹上台后，警察关闭了这一聚会场所。

在 1929 年的五一节集会上，柏林的巡警在追捕抗议者。警察开枪打死了31 名共产党人。

一位不明身份的激进分子在与柏林的警察对峙周旋。因为不断上升的失业问题，这一类冲突在大街上一直都有，直到新的纳粹政府放手让警察残酷镇压持不同政见者为止。

一个处于刀锋上的国家的艺术

从一次大战的苦难中出现的德国是一个畸形的社会。在许多德国人看来，战后年代混乱不堪的政治和经济局面是很难从根本上得到解决的。然而，对德国的艺术先锋派来说，生活在一种已失去精神支柱的文化氛围里，生活意义还是令人振奋的。包豪斯建筑设计学派的创始人瓦尔特·格罗匹斯欣喜地说："一个世界已经结束了。我们一定要寻求一种极端的办法来解决我们的问题。"

对某些艺术家而言，那种寻求带有明显的政治性。讽刺漫画作家乔治·格罗兹加入了共产党，创作出一种更诱人的路子，他采用柏林那种粗俗的卡巴莱传统来展现他对社会冲突的忧郁观点。同时，德国的电影制作人倾向于避免与人发生争论，他们通过研究现代凶杀犯和其他与社会格格不入的进行催眠来展现自己的独立性。

生活在这个动荡年代的英才们有一个共同之处，那就是拒绝过去传统的约束。画家菲力克斯·纳斯包姆在 1931 年的一部作品中概括了这种精神。在这部作品里，进步主义艺术家们在柏林

的勃兰登堡门前正进行一次现场即兴展示，而
一群不屑一顾的美术学院师生正悲悼似的从旁
边走过。

像纳斯包姆这样的反叛者在魏玛正统社会
里遭遇的阻力还算比较温和，而纳粹分子上台
之后等待着这群艺术家的待遇要恶劣得多。纳
粹分子要毁灭任何他们认为带有挑唆性的书籍
和图画。身为犹太人，同时又是被纳粹标定为
"文化布尔什维主义"思想的倡导人，纳斯包
姆本人面临着迫害。一些人找到了安全的
避风港，另一些人却遭遇了纳斯包姆的命运：
他在流亡10年后在比利时被盖世太保抓住，
后来死在了奥斯维辛集中营。

采取
极端的观点

乔治·格罗兹在1925年曾写道,"仍然还有大量的污泥浊水需要清除掉。我很高兴参加了这一工作"。对艺术上的"黑幕揭发者"格罗兹及其同行奥托·迪克斯来说,一位画家的职责是暴露社会上相互矛盾的现象——他俩是通过把流浪者或战争犯与富人们一同玩乐的画面并置在一块来取得这一效果的。

那个时期德国的其他艺术家扮演的角色要更理想化一些。受1918年11月帝国秩序被推翻一事的激励,"十一月小组"的成员们致力于"一个年轻和自由德国的道德重建",但批评家们把他们的非正统作品批驳为道德堕落。传统主义者们同样很难接受格罗斯及其同事们的包豪斯风格。受瓦西里·康定斯基等教师的影响,学生们宣布放弃古板守旧的德国传统,创造出实用的物体。包豪斯学派的一条重要原则是,艺术家必须拥抱新技术——这一思想在艾里克·萨罗门的摄影中得到了体现。他用德国发明的那种小型手提相机在不经意之中捕捉他的主题,给他的艺术品带来了一种清新的自发性。

摄影师艾里克·萨罗门

《爱因斯坦塔》"十一月小组"的埃里希·门德尔松作于1920年

"十一小组"的艺术家们在准备1924年的一次展出

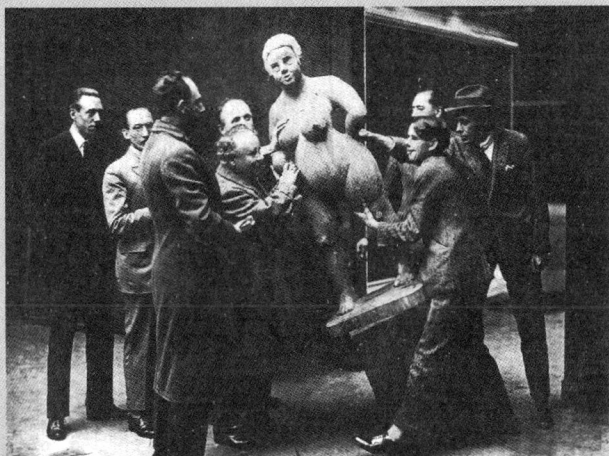

画家奥托·迪克斯

《华尔兹舞》乔治·格罗兹作于1921年

瓦西里·康定斯
基的《关于白色》，
1923年

为包豪斯展览设
计的海报，1923年

一个歌舞沸腾的年代

对于表演艺术家们来说，20年代是真正的黄金时代。经历过风风雨雨的柏林保持着一种无穷活力的夜生活，成了其他城市争相效仿的对象。在大街上，在舞台上，一切都是可能的。集中体现了这一精神的是卡巴莱，即表演大师们在精神上对权贵劳力的冷嘲热讽。有些表演家们在画布上表现的那样，非常大胆。舞蹈演员安尼塔·贝尔贝表演时不穿衣服。据说，她"用下流的姿势"招来阵阵嘘声。

一些较严肃的表演家和作曲家采用更微妙的方式来刺激观众。芭蕾舞演员奥斯卡·席莱梅和哈罗德·克洛伊茨堡故意扭曲了芭蕾舞的舞步。保尔·辛德密斯认为，他把爵士乐的主题融入了他的音符之中。麦克斯·布明德把他的剧作《马希尼斯特》的场景设置在一家工厂，剧中的人们大为震惊。但是，引起舞台麦动的还是布莱希特的《三便士歌剧》。作曲家库尔特·威尔和他的歌唱家妻子洛特·莱尼娅共同努力给底层人物描绘为虚伪世界中的直率的愚钝。

施莱默式的芭蕾舞小丑，1927年

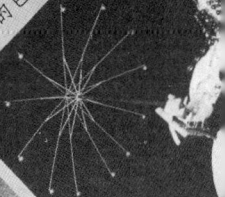
《马希尼斯特》，霍普金斯，1929年

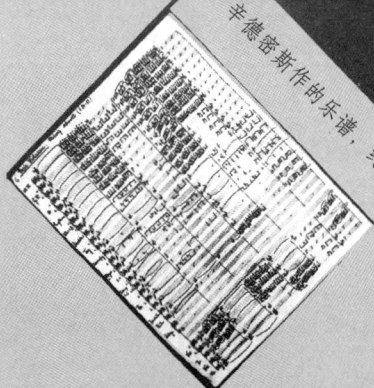
辛德密斯作的乐谱，约1925年

洛特·莱尼娅和库尔特·威尔

哈罗德·克罗伊茨堡

柏林的"卡巴莱"艺术表演者

《三便士歌剧》的广告，1928 年

图科斯基的杂志的封面，1929 年

贝托尔特·布莱希特

多布林的作品封面，1929 年

费朗兹·威费尔的一部戏剧的场景，1921 年

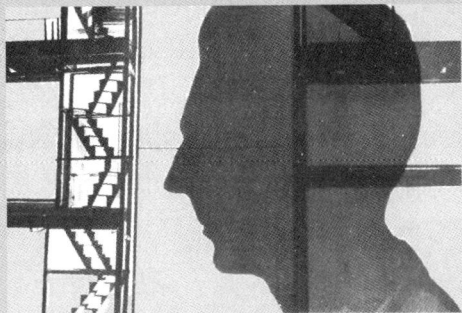
埃尔文·皮斯卡托的廓影

托马斯·曼接受诺贝尔奖，1929 年

持异议者的
一份愤怒的遗产

"我们必须用铁扫帚清除掉德国所有腐烂的东西。"政治评论家库尔特·图科斯基在第一次世界大战后曾这样写道。这场战争使他及其他许多愤怒的年轻作家们学会了鄙视旧秩序以及那些摇旗呐喊的政治鼓动者。"如果我们把自己的头包裹在衣服里，焦急地悄声耳语，'以后吧，我的好伙计，等以后吧'，那我们将没有出路。"

对曾在前线为他的战友们第一次演出的剧作家兼制片人埃尔文·皮斯卡托来说，战争是社会弊端的反映，要根除这些弊端，只有通过一场革命。1919 年，他在柏林的一个工人小区创建了"无产阶级剧社"。他的那些实验性剧作并未获得多大的成功，但他影响了像贝托尔特·布莱希特和埃里希·缪萨姆这样的当时正走红的戏剧才子。缪萨姆曾写过一部为美国无政府主义者萨柯和范塞第辩护的剧作。他后来死于纳粹的一个集中营里。

即使那些更多关注个人而非政治的作家们对社会也持批评的眼光。弗朗兹·威弗尔——写诗，写剧，也写小说——戏剧性地表现了极权主义文化下儿子和父亲之间的辛酸关系。内科医生兼小说家的阿尔弗雷德·多布林在他的史诗般的作品《柏林亚历山大广场》中深刻地探索了城市腐化的问题。而托马斯·曼把他的代表作《神奇的山》的背景放置在大战前夕的一家疗养院里，以观察浪漫的德国人试图抛掉理性和约束，追求死亡的强制力。

埃里希·缪萨姆（中）与两位文学同行

71

不提供
任何逃路的思索电影

皮特·洛尔在《M》剧中的一个场景，1931年

《大都市》的海报，1927年

《卡里加瑞博士的密室》的海报，1919年

魏玛时期的德国电影业反映出人们对文化的焦虑。不错，像恩斯特·卢比茨这样优秀的导演通过回忆过去或展现自然光彩也吸引了不少电影观众。然而，当时最优秀的一些电影往往给人一种心颤胆寒的预言式告白，刻画的是一个由非理性力量控制的世界。

这种调子阴暗的电影倾向始于1919年的一部恐怖片《卡里加瑞博士的密室》。这部电影拍摄时采用的是表现主义绘画风格的背景，反映了病态人物的扭曲形象。它讲述了一位马戏团的梦游者如何在他的监守人魔术师卡里加瑞的驱使下变成了杀人犯。在以后的几年中，充斥德国屏幕的都是些疯狂的、善于操纵他人的家伙。不过，一些现实主义题材的电影显得更具艺术性。在《蓝色的天使》中，玛琳娜·底特里希因扮演了一个淫荡的卡巴莱艺术家而出了名，她把一位曾经很高傲的教授羞辱得无地自容。在弗里茨·朗导演的《M》一片中，皮特·洛尔扮演了一个完全受自己狂热症支配的儿童杀手："在我的内心里总是有这种邪恶的势力。我想逃避，但不可能。我不得不从命。"洛尔这几句残忍的话可以用作希特勒许多追随者的座右铭而具有讽刺意味的是，元首是朗导演的一名影迷，他一直喜欢他的未来主义之作《大都会》。这部电影描述了这样一个世界，造反的工人们最终与他们的老板达成了和解。在纳粹掌权后不久，戈培尔拜访了朗并打算给他在政府里安排一个职位。朗想到还有逃跑的可能，便要求给他时间考虑一下。当晚，朗逃到了巴黎。

戴着高筒帽子的玛琳娜·底特里希
在《蓝色的天使》一剧中，1929 年

恩斯特·卢比茨（坐
下者）在阿尔卑斯山区

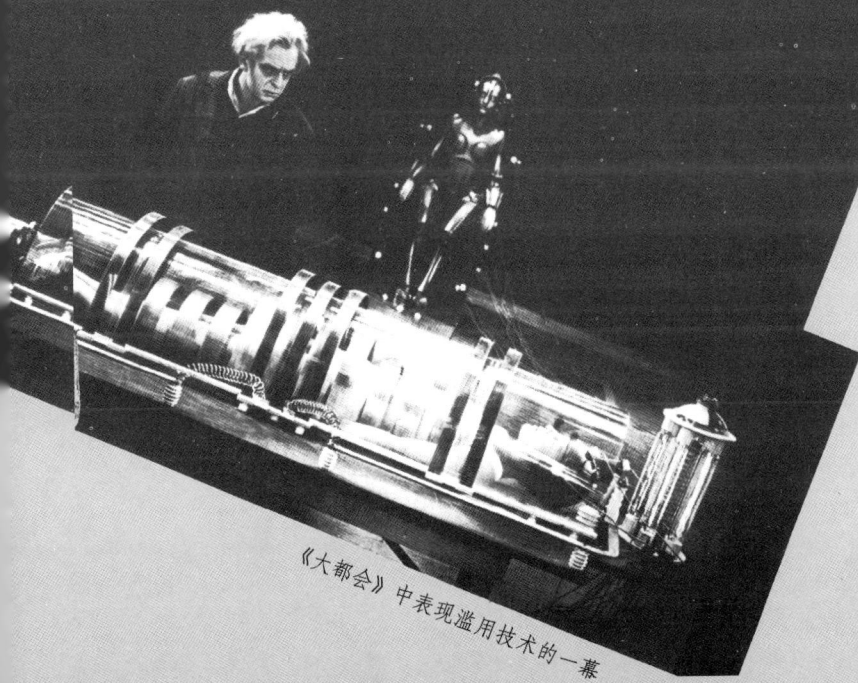

《大都会》中表现滥用技术的一幕

对创造
精神的大清洗

1933年席卷纳粹德国的那场如火如荼的文化反革命在好些年前就已开始了。20年代中期，希特勒就在他的《我的奋斗》一书中明确表示了他对现代艺术的鄙视，把那些现代派作品通通看作是"心理变态、道德堕落之辈的有病赘生物"。希特勒认为，现代主义思想就像梅毒一样是一种祸害，公众必须远离它的载体。

1927年，纳粹组织"德国文化战斗团"的成立表明希特勒的思想得到了支持，该组织致力于镇压一切带有外国思想痕迹的艺术作品，无论它是现代主义、立体主义抑或是爵士乐的"原始主义"。最早有系统地实行这种文化限制始于1930年，当时，纳粹党刚加入图林根州的一个右翼联合政府，该政府禁止进步主义图书和电影，解除了先锋派艺术家们的公职。3年后，希特勒的政府实行了一次规模更大的席卷全国的大清洗。自称是极端分子的家伙在公共广场和大学校园焚烧图书，包括诺贝尔桂冠得主托马斯·曼的作品。许多现代派绘画也被烧毁，而另一些则当众受辱。到处是斜体字的标题，如"十一月精神：为煽动叛逆服务的艺术"。

纳粹的镇压有效地窒息了帝国的艺术自由。然而，被迫流亡的那些杰出才子们把德国民主的酵素带到了新的国度，在那里，他们为自由思想提供了新的挑战。

1933年5月10日，在柏林焚烧图书。

2. 保守派的艰难联盟

魏玛共和国的外交部部长古斯塔夫·斯特莱斯曼不过才50岁，然而当他在日内瓦站起身来对世界各国的代表演讲时，他的举止就像一个老头。他面容憔悴，双眼凹陷，衣服松松垮垮地挂在他那一度很壮实的躯干上。他从来就不是一位善于煽情的演讲者。他说话带有鼻音，还伴有阵阵的咳嗽声和急促的呼吸声，好像挺费劲似的。他的确有心脏方面的疾病。1929年9月9日这一天，他活在世上的时间还剩下不到一个月。也许感觉到大限将至，他迫不及待地想说明为什么他最近刚达成的解决方案符合德国的最佳利益，同时也符合德国昔日敌国的最佳利益。

经过一年的艰辛谈判，斯特莱斯曼终于使《凡尔赛条约》加之于德国头上的负担轻松了许多。在一位名叫欧文·D.杨格的美国银行家的主持下，经过在巴黎举行的多次会议的讨论，新的协约已经出笼。这一协约得到了8月份海牙会议各方代表原则上的同意。协约首次把德国应付给它昔日敌国的战争赔款限制在1210亿马克的总数上，分59年付清。尽管这一数字仍然十分惊人，但比原来的计划有所改进。原来的赔款计划是没有限额的：随着德国支付能力的提高，赔款额也应提高。斯特

这幅海报表现的是一位目光冷峻的"冲锋队"队员，代表了令人生畏的纳粹形象。到30年代早期，纳粹的褐衫军已成为任何反对纳粹党的人的一种威胁，甚至也是对希特勒的一种威胁。

莱斯曼深知，如果真要他把这所谓的《杨格计划》兜售给他在国内的联合政府，他还得想方设法弄出其他一些好处来。他努力谋求到各债权国的支持，同意减轻对德国经济发展的众多限制。更为重要的是，他还成功地说服了固执的法国人答应在 1930 年 6 月 30 日之前从莱茵地区撤走最后一批协约国军队，这比《凡尔赛条约》规定的时间提前了 4 年半。把经济问题与政治问题联系在一起是斯特莱斯曼谈判策略的关键所在。他是通过最后时刻亲自恳请他的法国谈判对手阿里斯蒂德·布莱恩才

外交部部长斯勒莱斯曼代表魏玛共和国针对《杨格计划》进行谈判。他认为，他的国家应该做出经济上的牺牲以获得协约国政治上的让步。他辩论道："接受一切可以忍受的代价以赢取德国的自由，这是德国政府的职责。"

取得成功的。他俩因改善了法德关系而共同获得 1926 年的诺贝尔和平奖。

斯特莱斯曼差一点儿未能使国际社会接受《杨格计划》。尽管病情不断加重，他仍然坚持不懈地做出最大的努力，甚至做出个人的牺牲。在参加完海牙的一次会议后，他的身体彻底垮了，他呼叫道："我没法再坚持下去了。"然而，他强打精神，又赢了一局。他希望，《杨格计划》会成为昔日各个敌国之间相互让步的开端，这样有可能最终促成一个联合的欧洲。他在日内瓦曾对与会代表说："我们肩负着使各国人民相互靠近、使分歧得以消除的重任。请记住，未来的战争不会给个人英雄主义留下多大的立足之地。"

疲惫不堪的斯特莱斯曼在完成这一工作后，步履维艰地最后一次回到了柏林。1929 年 10 月 3 日，在德国国会最终同意《杨格计划》之前，他死于中风。可怜的是，这时的斯特莱斯曼或其他任何人都未曾意识到他为自己处于困境的共和国赢得一丝喘息之机的那个协约，事实上已使它在国内的各个对手统一了起来。其中一个名叫阿道夫·希特莱的明显极端分子，他将利用《杨格计划》使自己摇身一变，成为一个名噪全国的人物。

1929 年，希特莱是巴伐利亚一个分裂出来的党派的领袖，这个党主要以街头打斗而有名。它也受到内部争斗的损耗——争吵不休的领导人物之间，政治公务员与准军事的冲锋队员之间，民族主义阵营和社会主义阵

营之间。该党与德国其他任何党派或机构都缺乏联系，也缺乏信任。

然而，它在上层并不缺乏人才资源。接过斯特莱斯曼留下的问题，希特莱开始了长达两年的不间断政治活动，这使他逐步迈向最高权力的门槛。他要清除掉自己党内的异己分子，钳制住桀骜不驯的"冲锋队"。然后，他要同那些与他自己或纳粹党没有多少共同之处的党派建立伙伴关系。他要从商人们的钱袋里掏钱，用计谋智胜魏玛共和国那些政客们，控制一支为他自己所用的军队，这支军队长期以来自居为德国的国家卫士。

德国人对《杨格计划》的反对，实际上在海牙会议

疲惫不堪、仍然穿着赴宴盛装的法德两国代表在海牙的一次通宵达旦的谈判会议期间，克制着不让自己入睡。因纠缠于《杨格计划》的一些小细节，谈判的进程放慢了。

之前就已开始了。尽管战争赔款已有了一个限额，根据协约，德国人每年还是得支付繁重的款项，一直要支付到1988年。更为恶劣的是，《杨格计划》重新肯定了《凡尔赛条约》中关于把德国列为发动第一次世界大战的罪魁祸首的那一条款。10年来，人们对那个条约早已义愤填膺，现在这一新规定的财经负担只不过使人们更为愤慨罢了。

7月份，已出现了有组织的反对《杨格计划》的行动，这次行动的领导人是德国民族党首领阿尔弗雷德·胡根堡，一位63岁的体形矮胖的保守派分子。胡根堡的目标是要推翻魏玛共和国，撕毁《凡尔赛条约》。他野心勃勃、肆无忌惮，通过用政治与各种商务活动做交易，聚敛了一大笔私人财富。9年来，他一直是军火巨子克虏伯公司的董事会主席。通过购买多家报社、一家大型电影制片厂和一家出版社，胡根堡已在德国的通讯业建起一个势力强大的论坛。

胡根堡把新的赔款协约比喻为"对未出生胎儿的死刑"和"德国人民的葬身之地"。他把各右翼派系联合起来，共同阻止所有的赔款。他的联盟包括"钢盔"——一个由退伍军人组成的、对兴登堡总统死心塌地的组织以及反闪米特人的、主张扩张主义的"泛德意志同盟"。此外，颇有意义的是，该联盟还包括"杨格委员会"中的两位醒悟过来的德国代表——联合钢铁厂的总裁阿尔伯特·佛格莱和代表强大的商业和金融利益的德国国家银行总裁伽尔玛·夏赫特。民族党人计划利用他们可以任意支配的巨额钱财和宣传工具来强行通过一项所谓的《反对奴役德国人民法》。该法案不仅拒付所有的对外债务，而且要求严惩像斯特莱斯曼那样的通过谈判签署协议的任何政府官员。

胡根堡及其大多数支持者也是忠君思想者，企图恢复旧的帝国王室和贵族的统治地位。尽管民族党人有的是钱，但他们现在需要的是选票，他们对普通民众的吸引力是微乎其微的。为了解决这一问题，胡根堡犯了一个后来德国右翼领导人普遍会犯的错误：他决定利用希特莱。胡根堡在柏林的一家俱乐部会见了希特莱，表示愿意帮助发动一次全民公决来拒付战争赔款。

希特莱马上意识到这是一次无与伦比的机会，他立即行动起来，要利用这一机会。在前3年里，德国经济略微有些增长：零售额和工资都上涨了，失业率保持在可以控制的65万这一水平线上。尽管纳粹的仇恨政治在这种形势下未能赢得多少新的支持者，希特莱却看到，《杨格计划》可以点燃全国的怒火。他此刻得到了他所需要的资金，能与德国备受尊重的、富裕的保守派势力共同合作发起他的第一次全国性运动，尽管后者仍然把他视为一个名声不好的狂热分子。

希特莱的最大问题除了缺钱，还有他自己党派的内部分歧。到1929年1月，他已完成一次旨在从根本上改变方向的重组工作——不再是针对革命的街头暴动，

这幅招贴画是为了激励选民拒绝《杨格计划》而作的。画面上，德国工人在驱使者的皮鞭下正在碾盘边劳作，上面还有这样的文字："你们必须当奴隶当到孙子一代！"纳粹党攻击《杨格计划》进一步束缚了德国的经济。

而是转向选举，通过投票箱赢得权力。他把纳粹党由一个准军事组织变成了一个永久性的政治活动组织，该组织下属各区要与选区相一致。各区的注意中心是乡村社区。即使在那次灾难性的1928年选举中，纳粹党在乡村的作为相对而言还算是不错的。斯特莱斯曼成功地使德国回到国际社会的做法伤害了德国的农业。马克的稳定使国外的大量食品倾销而入，冲垮了国内农业价格的底线，造成了农产品抵押权利的取消。希特莱的转变策略提高了纳粹党作为政治机器的地位，削弱了"冲锋队"的势力。

还有第二点分歧，这是政治机构内部的分歧。希特莱牢牢地控制着大本营在慕尼黑的南方纳粹势力，而柏林的格雷戈尔和奥托·斯特拉塞保留着一定程度的权力和独立，这让希特莱头痛不已。格雷戈尔是党的副元首兼组织部长，奥托掌管着一份颇有影响的党报。尤其危险的是：斯特拉塞那伙人对国家社会主义的看法与希特莱的大相迥异；他们侧重于社会主义，捍卫工人的事业。这一社会主义倾向是纳粹党一直较少从工业资本家那儿接受资金的一个原因。就斯特拉塞那一派而言，他们拒绝与有钱的贵族结成任何联盟。

希特莱一旦准备就绪，就迅速采取行动，行动之快，令斯特拉塞那伙人及"冲锋队"根本没有时间反对。他同意与胡根堡联手，使用他的通信帝国，接受民族主义者的钱财，但坚持他在宣传的政策制定和信息传播方面必须具有完全的独立权。胡根堡找到了一个替他干活的人，但既然他同意了希特莱的条件，他也就造就了一位完全的合伙人。接下来，希特莱任命格雷戈尔·斯特拉塞为联合财政委员会委员，这一诱人的职位足以使斯特拉塞克服掉对结盟的任何反感。

这一切对希特莱来说好像都是幸运而至的。就在新的联盟刚刚结成时，海牙会议也刚完成《杨格计划》的工作，纳粹党借此在纽伦堡举行了自 1927 年以来的第一次党代会。1927 年的那次党代会不过是一桩简单的事。而这次党代会将不同一般。希特莱提前几个月就催促他的政治机构要多筹集资金，策划一次戏剧性的大场面。因此，1929 年的这次党代会是最讲排场、人数最多也最热闹的一次集会。纳粹党最优秀的演说家们作了一系列夸夸其谈的演讲，高潮自然是元首本人作的一篇充满激情的演讲，然后是 6 万名穿着制服的军人齐步行进，盛大华丽的舞蹈队在舞台灯光的照耀下走过，多达 15 万人观看了壮观的烟火燃放，会议最后还为阵亡于第一次世界大战的德国人举行了动情的纪念仪式。其中一位贵宾是已退休的德国煤炭工业大王埃密尔·基尔多

来自莱茵地区的"冲锋队"队员们鱼贯穿过纽伦堡市的古老街道，参加 1929 年的纳粹党代表大会。希特勒说，这次大会的目的是要展示纳粹运动是"深受年轻人欢迎的运动，它在将来的某一天一定要摧毁那些目前正在给德国带来毁灭的东西"。

夫，他不久即成为支持纳粹党的第一个主要实业家。希特莱的机会主义已经有了结果。

那场试图通过《反对奴役德国人民法》的运动有三个阶段。第一阶段，要把它引入国会的立法讨论中，这需要全国10%的选民赞成它。经过一个月的闹哄哄的竞选，在10月16日举行投票表决时，赞同该法案的人获得了400万张选票，即选举登记者中的10.02%。这与民族主义党在1928年大选中获得的总票数大致相当，而对于上次只有81万张票数的纳粹党来说，这是一步实质性的前进。第一个障碍已被清除。然而，纳粹党在国会中仍然缺乏影响力，民族主义党也好不了多少。在立法机构的491个席位中，两党加起来也不过85个。况且，当立法机构进行一项投票表决时，它俩只能够投82张赞成票。

国会中的失败使第三阶段显得很有必要，即把议题交给公众，进行全民表决。如果德国4000万选民中的大多数赞成某一议案，那该议案就成为法律。然而对于纳粹党和民族主义党来说，12月22日举行的投票表决却是一场令人难堪的失败：只有14%的选民赞同他们。《反对奴役德国人民法》成了一项死议案。希特莱马上转而攻击他的昔日盟友胡根堡，他指责民族主义党人的资产阶级顾虑思想未能发动群众的支持。不过，希特莱很谨慎，他不愿结束与德国商界领袖们新建立起的关系。

通过迅速抛弃胡根堡，希特莱躲过了失败的影响。

随之而来的经济大变动很快给他提供了一个更强有力的话题。经济萧条在进一步恶化，美国股票市场在 10 月份就已暴跌，美国的银行开始收回它们给德国机构的贷款。重新融资已无门可寻，国际贸易已经崩溃。形势越是糟糕，纳粹的抨击声就提得越高。多亏胡根堡的报纸，希特莱成了一个家喻户晓的名字，而在此之前，成千上万的德国人从未听说过他。纳粹党的金库里堆满了上缴来的党费、新党员入党费和小业主们的捐款。人们开始把希特莱看作是一个比胡根堡更好的赌注。

尽管全民公决失败了，纳粹党在地方选举中还是做得不错。他们在巴伐利亚的科堡市选上了一位市长，并强行任命了他们的第一位州内阁成员；威莱姆·弗里克被提名为图林根州的内政部长。弗里克还在慕尼黑警察局工作时就是一个劲头十足的纳粹分子，他参加过"啤酒馆暴动"，在他的同事中为纳粹党当过密探。就个人而言，弗里克并不是一个有特色的人，但由于他所处的部级地位，他成了纳粹党中最有影响的人物之一。

1930 年初，国家的经济继续恶化，而纳粹党却甚是繁荣。这时候，它已经有 10 万多党员，比 1928 年增长了 30%。新党员都不是无产者，但都担心在不久的将来经济灾难有可能降临到自己头上。他们愿意承担增加的党费，愿意出钱购置一座新的党总部大楼。

有了大量现金，希特莱把总部搬进了雅致的巴娄宫，这是一座能俯瞰慕尼黑国王广场的宽敞楼房。他把这座大楼重新命名为"褐色之屋",并热情地着手装饰他的办公室和一间所谓的参议厅,里面都有雕饰着纳粹雄鹰的红皮椅子。他挂上一幅自己的肖像(附有题词:"万事皆随我愿!")和一幅费雷德里克大帝的画像,并摆放了诸如俾斯麦和墨索里尼等人的半身像。设计出这样一个铺张的环境,希特莱却很少使用,他更愿意在地下室的餐厅里接受他的崇拜者的觐见。与此同时,他在慕尼黑另一著名大街还有一套豪华的有 9 个房间的住宅。

突如其来的富足所带来的虚假光彩与不怎么成功的选举结果使纳粹党内部的政治紧张气氛未见缓和。事实上,随着希特莱的显赫地位日趋提高,内部不和的威胁也在增加。他领导的党原本是一群对政府不满的人,但现在他逐渐靠向中产阶级并与富裕的贵族精英建立了更密切的关系。他指挥的军队原本是一群企图扰乱共和国的暴徒,但他知道,如果他的那群街道暴乱者做得太过分的话,国家的军队和警察会把他们全部消灭,而他决心要避免又一次的流产暴动。面对这些不可妥协的分歧点,希特莱好像有把握使自己处于攻势。

1930 年春天,希特莱继续进行他的那些带有抨击性的长篇演说,以唤起公众情绪,然而,由于还不到大选时间,加之国会的有效反对,他的孤独之声并未阻挡住魏玛政府。所以,希特莱让他的冲锋队员们回到大街上,与犹太人和敌对的政治党派进行战斗。他的目的是要利用暴力的威胁使政府陷入混乱,甚至瘫痪。

　　然而实际上，这场斗争主要是宣传上的斗争。除了真要保护纳粹党的某一次会议或进攻反对派的某一次集会，一般来说，"褐衫党"们战斗的目的既不是为了领土，也不是为了战术上的优势，而是为了显示。不断挑起战斗的真正目的是为了让人看到战斗在进行。正如当时的"冲锋队"队长弗兰兹·菲费尔·冯·萨罗门所说："假如整群整群的人愿意为某一事业冒着身体、灵魂、生计的危险，那这一事业一定是伟大的、真实的。"

　　由于德国的生活不景气、不安定，要征召大批愿意抛头颅、洒热血的人是再容易不过的事。困难在于如何防止他们发起内战。"冲锋队"的队员们把自己看作是终将为纳粹党赢取最后胜利的士兵。他们期望能击败对手，继而成为德国的国家军队。当时，很少有人明白，希特莱并不打算允许这种对峙局面出现,他打算利用"冲锋队"的力量，在需要的地方注入恐惧和混乱，然后拆掉它。1930年春天，恐惧和混乱成了希特莱的惯用手段，他放松了对"冲锋队"的控制，为以后留下了如何重新控制住它的问题。

　　街头战斗蔓延全国，就像暴风雨来临之前的沙尘席卷城市和村镇。纳粹的宣传家约瑟夫·戈培尔运用他那套令人生畏的伎俩把街头战斗搅得一片狂乱。他的一次得意之作的灵感来源于22岁的赫斯特·威塞尔之死。威塞尔是一位牧师的儿子，一个家庭背叛者，他一直与一位前妓女住在柏林的一个贫民窟里。小伙子也是一位纳粹分子，但却因为情人的缘故被一位反对派分子枪杀了。戈培尔把这一枪杀事件说成是一次政治谋杀，把死去的那位年轻人说成是纳粹的烈士。威塞尔生前为"冲锋队"写的一首宣传赞歌被升华为纳粹党的赞歌——"赫斯特·威塞尔之歌"。

"冲锋队"此刻所做的正是希特莱想要做的——显示魏玛政府的虚弱无能和纳粹党的强大有力。然而，在每一环节，形势都有控制不住的危险。日益焦虑不安的政府开始严厉打击了。1930 年 6 月，巴伐利亚和普鲁士把穿褐衫定为非法，作为回应，"冲锋队"的队员们马上改穿白衫或根本就不穿衬衫。普鲁士走得更远，禁止国有职工加入纳粹党。

接下来，随着"冲锋队"变得越来越难以控制，政府变得越来越咄咄逼人，纳粹党内部突然又一分为二——倾向社会主义的斯特拉塞派和倾向民族主义的希特莱派。当时，格雷戈尔·斯特拉塞

位于慕尼黑布里纳尔大街45号的纳粹党总部"褐色之屋"是用莱茵地区实业家们的捐款购置的。1931年1月正式启用之前，在希特勒的监督下，曾对它作过重新改造。

希特勒经常在"褐色之屋"的地下室餐厅里接见来访的崇拜者。这张照片表现出他正迷住了一群"褐衫党"分子。在通过合法手段追求权力的同时，要保证这些具有叛逆性格的"冲锋队"队员忠心于他，确实需要希特勒动用一切手腕。

装饰褐色军团

1924 年，正在奥地利旅行的"冲锋队"队长向纳粹党总部汇报，他发现一大堆剩余的男式夏装衬衣，这是第一次世界大战中剩下来的德皇时代军队的制服。尽管希特勒不喜欢褐色的衬衫，但价格还算合适，因此纳粹党把那些衬衣全都买下，作为"冲锋队"队员的临时制服。这种褐色衬衣穿了好些年，已成了纳粹的标志，直到 30 年代初才被一种紧身短上衣替代。

随着"冲锋队"人数的增加，它的统一制服的徽标也增多。领徽（见右图）可辨别一个佩戴者所属的辖区、单位和级别。许多"冲锋队"单位模仿正规军，采用一些特别标志，如模仿轻型步兵、模仿航空兵，这些标志也可以从衣领上辨别出来。最早用来表明参加过党内重大事件的饰物后来都以功勋奖章的形式颁发。

"冲锋队"的领导人物们都深知服装统一的内在价值。1926 年的一则规定阐明，"一大群服装统一、纪律严明的人迈着正步行进时，会给每一位德国人留下深刻印象，并在他的心中产生共鸣。这种方式比任何书面材料或口头言辞都要更令人信服、令人感动"。

上图是基地设在黑森州的第 88 团一位参谋军士穿的衬衣和平圆顶军帽。

上图右边是柏林一位工程兵 1932 年的紧身上衣。

领徽的颜色反映出佩戴者
所属的辖区。单片叶代表低等
军衔，橡树叶代表高级军衔。

衣领上佩戴的徽章表明一
个"冲锋队"队员所属的团队、
连队以及他的单位的特殊性。

上图的领徽表明的是第158
团第28连的骑兵（左）、航空
兵（中）和步兵。

参加过1929年
纽伦堡集会的人得
到了这枚奖章。

这枚奖章是1933
年授予给那些参加过
1923年慕尼黑暴动的
人的。

布劳恩施威格奖
章1936年成了一种官
方奖章。

这枚纪念1922年
10月科堡集会的奖章是
纳粹党装饰价值最高的
奖章之一。

已被召唤到慕尼黑担任党的政治组织部部长，而他的弟弟奥托仍然留在柏林，主管好几家报纸，包括纳粹党在德国北方的官方报纸。1930年4月，萨克森州的各工会组织举行了一次大罢工，奥托·斯特拉塞的所有报纸都大唱赞歌，表示支持。

希特莱不得不行动了。如果他跟在奥托·斯特拉塞后面唱赞歌，那等于与他如此急切去讨好的保守派商人势力断绝关系。但是，如果不支持斯特拉塞，那要冒党内重大分裂的危险。整整一个月时间，他踌躇不前，想要寻找一条容易的出路。在找不到任何出路的情况下，他于5月21日去了一趟柏林，同斯特拉塞面对面地举行了一次为时两天的争论不休的会议。希特莱使用了各种手段想让斯特拉塞就范——通过问题的辩论来说服，从内心里表示对党的忠诚，许诺给予回报，迫不及待的威胁。但是，希特莱面对的是一个同他自己一样固执的人，斯特拉塞认为希特莱正在背叛纳粹党的理想。希特莱有一次怒吼道："我从来不犯错误。我说的每一句话都可以让历史作证！"而斯特拉塞仍然无动于衷，拒不顺从。

希特莱回到了南方的慕尼黑市，党的分裂问题仍然没有得到解决。又是整整一个月，他犹豫不决。6月底，他采取行动了，是间接的行动。他命令戈培尔清除党内一切"不坚定的拙劣分子和布尔什维克"。戈培尔马上领会了其意所指，驱除了斯特拉塞。奥托·斯特拉塞在带领他自己那批纳粹党人作了一番短暂的努力之后，就从公众的生活中渐渐消失了。

在斯特拉塞的分裂得以修复之前，在纳粹党与"冲锋队"之间持续的紧张关系得以缓和之前，形势给了纳粹分子一次因缺席带来的胜利：魏玛共和国开始了它的最终解体。

1930 年 3 月，《杨格计划》刚通过后不久，倔强好斗的国会再一次拒绝支持赫尔曼·穆莱总理。这次涉及的问题是有关失业补偿的问题。穆莱未能找到解决办法，只好辞职。他的沮丧之情全国上下普遍都能感觉到。魏玛共和国诞生于德国君主制崩溃和一战战败之际，从此就一直饱受不稳定的政党制度的困扰。穆莱的联合政府是共和国 10 年生命中的第 17 任政府。党派太多，各不相让，国会哪怕采取一个并不太重要的行动就需要凑成一个临时的联合政府，而一旦下次又出现问题时，这个联合政府又得马上分裂。根据宪法的要求，兴登堡总统及军队必须对政务保持一定的距离，但是现在，政府面临瘫痪的危险需要彻底改变这一切。

参与这一改变的一位重要人物是一位名叫库尔特·施莱舍尔的军官。这位 48 岁的少将在 1900 年开始军旅生涯时，就是兴登堡率领的第三步兵团的副官，他与总统的儿子奥斯卡·冯·兴登堡结成了终生之交。施莱舍尔在战争期间没有多大作为，但他那敏捷的思想、温文有礼的举止及外交天才给许多人留下了印象。他只要还活着，就再也无法避开政治，这是一位优秀的军官应该做的。1929年，施莱舍尔的上司、国防部长威莱姆·格罗纳将军给了他一个机会，让他在德国的政治生活中充当一名幕后角色，负责军队与政府之间的联络工作。

施莱舍尔兴冲冲地开始了这份工作。刚开始，他满足于提拔军队中他自己的朋友，打击他的敌人。例如，他从中作梗使威尔纳·冯·布伦堡将军被免职，由库尔特·冯·哈默斯坦将军取而代之。到1930年时，施莱舍尔已开始更大规模的动作。他建议，兴登堡应涉足国会的政务，挑选下一任总理。

具体做法是，取消现有软弱无能、只知争吵的国会，代之以一位强硬的、无须国会联合政府支持就能有效统治的总理。如果党派之间的分歧无法妥协一致，多数选票又无法达成，总理将请求总统行使魏玛共和国宪法第48条，

赫斯特·威塞尔的传奇

1930年1月14日，柏林，一位22岁、名叫赫斯特·威塞尔的"冲锋队"街区小头目在他的寓所里遭到一名持枪男子的袭击，造成致命的重伤。那位名叫阿尔布莱希特·霍勒的持枪男子也爱着威塞尔的女朋友（一名前妓女），他是出于嫉妒开的枪。除了这一点之外，这次枪杀事件与纳粹党和其他党派在德国城市中频频发生的其他几十次流血冲突没有多大的不同。如果不是因为威塞尔曾经写过的一首极富煽动性的爱国歌曲《高举着旗帜》，这一事件本来不会引起人们关注的。抒情的歌词配上北海地区激昂的民歌调子，歌颂了纳粹的"冲锋队"战士为了纳粹事业献出了自己的生命。在受伤前3个月，威塞尔曾把这首歌投寄给纳粹党的报纸，它引起了编辑约瑟夫·戈培尔的注意。

当戈培尔得知，这位年轻的抒情歌手躺在医院的病床上要奄奄一息了，他感觉到这一份很好的宣传材料，便马着手把威塞尔摇身变成一名命烈士。戈培尔不加掩饰地这位街头混混说成是一名"士"，为了献身于党的事业不惜放弃了大学的学习。2月日，戈培尔安排人把威塞尔首歌在柏林的一次纳粹党集上首次公开演唱。它成了一轰动一时的歌。

16天后，威塞尔因伤势重而死去，戈培尔为他精心备了一次葬礼。共产党人阻送葬队伍，在墓地外面举行示威活动。在墓地，戈培尔剧性地点起了"冲锋队"的名册。当他点到威塞尔的名时，一排排统一着装的"冲锋队员齐声喊道："在！"

这首歌被重新定名为"赫特·威塞尔之歌"，它成了粹党的官方赞歌。在德国，了国歌，它就是人们最常听的歌曲了。

即允许总统暂停民权，依据应急状态令来实施统治。

年老的兴登堡对这一设想颇感兴趣，他正日益忧虑那些政客们不能抛弃党派之见，不能首先想到德国国家利益。施莱舍尔提议当总理的那个人在军队里也颇有威望，他就是天主教中心党的领袖、战斗英雄海因里希·布吕宁，一位毫无疑问的爱国者。希望挽救国家的兴登

紧握双拳的赫斯特·威塞尔出现在他那首歌的活页乐谱的封面上。他仍然是一副精神抖擞、向前迈进的形象，向着"希特勒的旗帜将不可阻挡地飘扬"的那一天迈进。

堡在工于心计的施莱舍尔的催促下同意了这项计划。

1930 年 3 月 27 日，布吕宁当上了总理。

这是一次不可估量的失算。上任后 3 个月，布吕宁就无法让国会通过一项财政方案，所以他只好采用那套刚达成一致的规则。他要兴登堡依据应急状态令来赞同立法，但是当兴登堡要这样做的时候，国会要求收回应急状态令。要是换一位不那么工于心计的人，这一要求也就被忽略过去了，但布吕宁觉得必须把这件事公之于人民。他解散了国会，把新的选举日期定在 9 月 14 日。布吕宁这样做，无意识中决定了德国民主的命运。

穿着便衣的库尔特·冯·施莱舍尔将军在国防部长格罗纳 1929 年让他当上顾问后变成了一位马基雅弗利式的人物。格罗纳称施莱舍尔是"我在政界的红衣主教"。

希特莱再一次看到了机会，并赶紧扑过去抓取。从很多方面来看，这次选举的时间对他来说都再合适不过了。他刚刚重组了纳粹党，已干掉了斯特拉塞兄弟中的至少一个，建立了新的资金渠道，搬进了豪华的新总部大楼。经济正遭到破坏，公众惶恐不安，人们比以往任何时候都更易接受他对魏玛共和国那些"叛国者"和犹太人的攻讦。在反对《杨格计划》的运动中，他在全国各地频频露面，接着又在州和地方选举中获得成功。至于那次全民公决的失败，那要归因于胡根堡，况且现在看来那只是一件小事。总之，希特莱很自信，他能使纳粹党在十大党派云集的国会里很好地向前迈进。然而，当他在新的选举运动中刚开始采取行动时，灾难降临了。

1930 年 8 月，柏林的"冲锋队"队员为资金问题愤而起义。一位队员在写给格雷戈尔·斯特拉塞的信中说，他被逮捕了 30 多次，有 8 次被判犯有"袭击和殴打罪，违抗警官罪及其他类似的轻罪"。他还说，在这次动乱过程中，他至少有 20 处受了伤。"我后脑勺上、左肩上、下嘴唇上、右脸颊上、上嘴唇的左边以及右手臂上都有刀伤。"尽管如此，他没有"要过或收到过一分党费"。现在，他的家底已花光了，正"面临着财政困难"。

这些事情看起来都很严重，但潜在的问题是争权。"冲锋队"向来把自己视为德国革命的工具，它认为，与强壮的拳头相比，政治家的作用是其次的。不过，"冲锋队"发现自己并未从纳粹党那儿得到回报。"冲锋队"要求在国会里有代表，要求允许增加训练，但结果都是无人理睬。一位"褐衫党"军官写道，"就政治组织而言，'冲锋队'在这里只是为了死亡"。

"冲锋队"的暴徒们长期以来习惯于用拳头和棍棒解决事情，即使在处理党内事务时，他们也觉得没有理由改变这种做法。8月底，他们袭击了柏林的纳粹总部。在与希特莱的精良卫队进行一场激战后，他们冲进了大楼，毁坏了里面的东西。区领袖戈培尔感到十分难堪，只好叫民警把这些叛乱分子从大楼里赶走。

震惊的希特莱迅速赶往柏林。他花了整整一个晚上从一家啤酒馆跑到另一家啤酒馆，坐在桌边对"冲锋队"队员们进行耐心劝说，并指责是少数别有用心的党内官员挑起了事端。他充分运用自己的如簧之舌，花言巧语，一会儿展望即将来临的伟大胜利，一会儿回顾大家一同走过的漫长路程。不过，希特莱并不仅仅依赖口才，他也许诺拨出更多的资金。为了实现这一诺言，他将全面评估一下整个党内的经费。

人人都带着沉闷的心情回到各自的地方。疲惫不堪的希特莱回到慕尼黑，等待了几天，然后命令"冲锋队"队长菲费尔退休。希特莱任命自己为"冲锋队"的最高领导。为了防止今后的兵变，他要求每一位"冲锋队"队员都无条件地宣誓对他效忠。

如此解决了这一裂隙之后，希特莱又回到选举工作上来。他的攻势是靠杰出的宣传，以形式取胜，而不是靠实质内容。纳粹的组织人员在每一面可以利用的墙上都张贴了海报和标语。为了让灰心失望的德国公民了解纳粹党的路线，他们举办了无数次音乐会、露天演出和公开大会。纳粹演讲者培训学校的2000名毕业生在各种小型集会上演讲，像戈林或戈培尔这样的党内大人物

1930 年的一个夏天，海因里希·布吕宁总理（手放下巴者）在柏林的总理府与内阁成员们开会。布吕宁的勒紧裤带经济政策招致纳粹分子嘲笑他是"饥饿总理"。

会给重大集会增光不少，希特莱本人在选举活动的整个过程中不断地穿梭往返于德国各地，在许多次大型集会上作了演讲（6 周里作了 20 次演讲）。

纳粹党没有提出任何方案来缓解经济萧条的影响，也没有任何有关如何重振德国雄风的细节。希特莱及其追随者只是猛烈抨击、谴责那些应为目前的国家形势负责的人——犹太人、腐败的政府官员、虚伪的协约国。这种针对政府工作人员的抨击在戈培尔的笔下显得很有代表性："把那些渣滓扔出去！把面具从他们脸上撕下！9 月 14 日那天，揪住他们的后颈，踢他们肥胖的肚皮，然后用鼓号把他们从庙里清扫出去！"

不只是恶毒的言辞。在 1930 年这一年里，仅在普鲁士就举行了近 6 万次各种各样的政治集会。这些会议很少有不发生暴力冲突的。根据警方的报告，十之八九的暴力事件要么是"冲锋队"挑起的，要么是它的对手"红色阵线斗士团"挑起的。柏林的一位警长后来写道，"已由普通的争吵过渡到谋杀性的攻击。刀、金属棍棒和手枪已取代了政治辩论"。

纳粹的中产阶级反对者们很轻蔑地看待这些集会。一位观察者把这称作"愚蠢的热情"。纳粹的举臂式敬礼、双脚咔嚓并拢后的一声"嗨，希特莱！"以及对"元首"这一头衔的尊称，在 1930 年夏末首次广泛使用。这一切在局外人看来都颇显荒唐。一位讽刺作家这样说到希特莱，"这个人并不存在，他只是他所发出的噪音"。但是，希特莱却很自信他正在靠近人民，并预计将在国会里获得 50 个席位。

现实让希特莱大吃一惊，也让任何人都大吃一惊。纳粹党在 9 月 14 日的选举中获得了 640 万张选票，在国会里拥有了 107 个代表。纳粹党突然间成了德国的第二大党。占据 143 个席位的社会民主党仍然是立法机构中的最大阵营，但跟其他一般党派一样，他们的基础都受到了严重的削弱。只有纳粹党的实力在增长。组建一个稳定的联合政府的可能性变得更遥远了。

希特莱并不打算利用他在国会里增长的实力来帮助治理国家。选举之后的第十天，他在慕尼黑宣称，"我

两个年轻的"冲锋队"队员在一处粮仓的门上张贴希特勒竞选活动的海报。为了获得农民的选票，纳粹党许诺停止农产品进口，给农民提供资金改善土壤、购买良种和新机器。

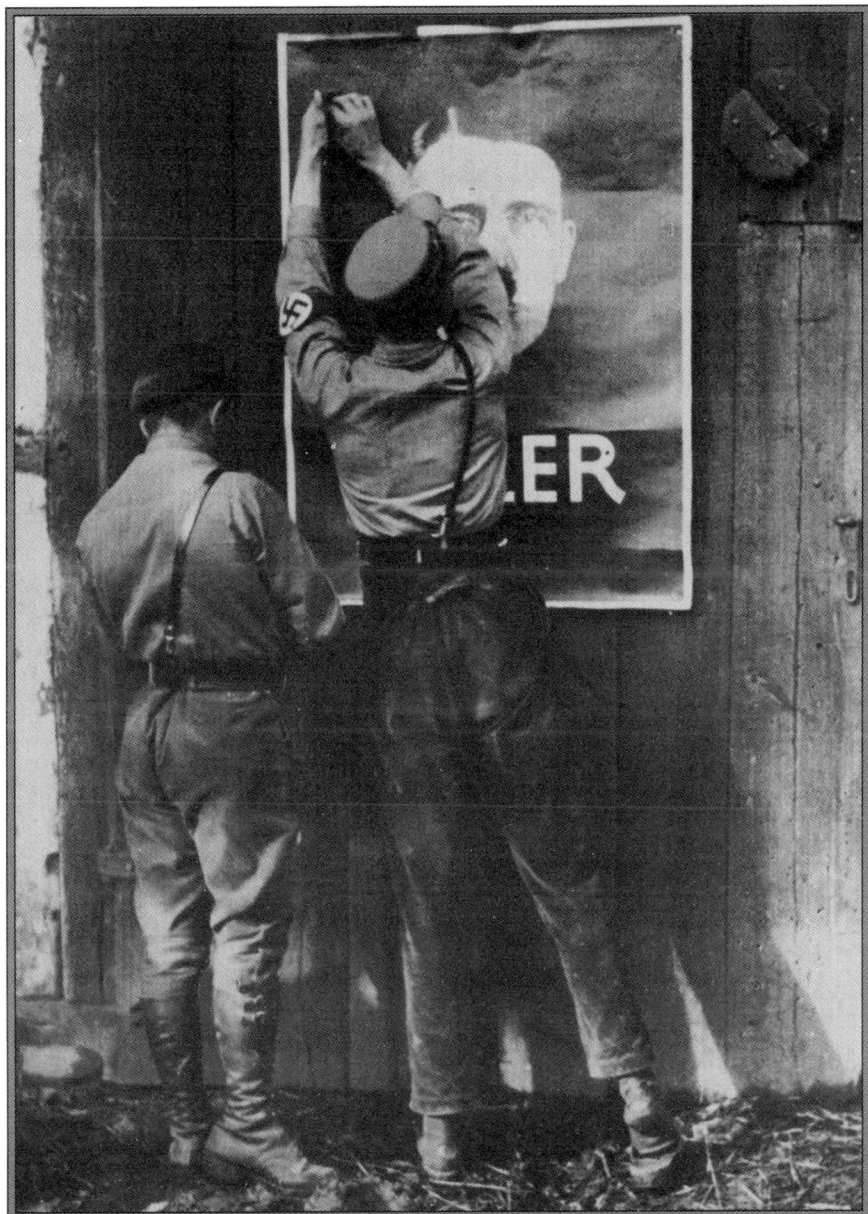

们是一个在被迫情况下产生的国会党。我们刚刚赢得的这一胜利只不过是我们斗争的一个新武器"。有人以为他的话是在暗示武装革命，但希特莱却坚持采取立法手段来增强自己的力量，他得防止兴登堡总统和纪律严明的德国军队找借口用武力对付他。这位纳粹领袖认识到，现在只有军队才有力量制止他。所以，在慕尼黑讲话后的第二天，他就大胆地着手考虑如何赢得军队的支持。

军官们甚是忧虑。很明显，"冲锋队"里的昔日士兵想要接管军队。同样不是秘密的事实是，整编后的"冲锋队"人数已超过了10万，即已超过了军队的现有人数。1930年初，军官们还破获了一个阴谋：3名莽撞的陆军中尉试图在他们的军官同事中发展纳粹党员。9月23日，这几名陆军中尉在莱比锡接受最高法院的审判。9月25日，被告方指名阿道夫·希特莱前去作证表态。

陆军中尉们的命运并不是希特莱所关心的事。他对军队的领导们有话要说，他知道他的证词会受到他们最密切的关注。他不怀好意地说："我们谁都没有兴趣去取代军队。我唯一的愿望是德国这个国家和德国人民能获得一种新的精神。"他说为了达到这一目标，他已命令他的下属们只使用立法手段，他已把那些不愿照此做的人从党内清除，他把"那个抱着革命思想的奥托·斯特拉塞"当成一个例子举了出来。

希特莱抗议道，他已做了各种努力，防止"褐衫党"带有"任何军事的特征"。他说，德国的军队不必担心

"冲锋队"，因为他们的专门目的是保护纳粹党，而不是挑战国家。他还说需要说出事实来改变看法，"我本人有过很长时间的当兵经历，我知道，一个党组织不可能起来反对纪律严明的国家军队"。

然而与此同时，希特莱却安排了曾因党组织的控制权问题与他激烈争吵过的"冲锋队"前任队长恩斯特·罗姆回来。在希特莱泰然自若地向法庭澄清了"冲锋队"的非军事特性之后不久，罗姆担任了"冲锋队"的参谋长(因希特莱仍然保留着最高首领的头衔)，他将负责"冲锋队"的进一步军事化工作，并使用正统军队的组织和训练方法。

在平息了军官们的怀疑之后，希特莱给他的"冲锋队"抛了一根骨头。在法庭上大谈了一番合法性和原则性之后，他又冷冰冰地威胁道："等纳粹运动的斗争取得成功时，也将会有一个纳粹的法庭。要为 1918 年 11 月革命复仇，会有人头落地的。"这番险恶的言辞(而不是法庭上的那番退让之辞)在两周之后，当新选出的纳粹代表坐进国会时得到了证实。他们穿着褐衫，而不穿西服。点名时，他们大声应道："到。嗨，希特莱！"并对其他代表恶语中伤。社会民主党代表托尼·森德尔不无讽刺地说道："这帮闹哄哄、穿着统一制服的家伙自诩为'雅利安'种族的精英。我看着他们就感到恐怖。他们都长着一副罪犯和堕落者的脸相。跟这帮人坐在同一个地方，简直降低了身份！"

然而,军方已相信了希特莱在法庭上的那番表演(那几位陆军中尉只受到了轻微的处罚)。格罗纳将军的政治盟友库尔特·冯·施莱舍尔已倾向于纳粹党。选举结果已经使布吕宁政府无能为力。尽管军队通过兴登堡总统仍然对颁布应急状态令有着很大的影响力,但这种独裁做法由于缺乏广泛支持不可能长期管用。军方害怕纳粹党或共产党发动武装起义,更害怕两个党一起来进行革命。

在这两大激进的党派中,有着600多万张选票的纳粹党很明显要强大些,发展得也要快些。况且,纳粹党还带有民族主义倾向。施莱舍尔深信,纳粹党代表的是那两股党派势力中较强的一股,他觉得能够控制住希特莱。他有他的上司格罗纳将军的支持,后者是反纳粹的,总希望把希特莱"加倍地拴在合法性这根木桩上"。一直在幕后工作的施莱舍尔与罗姆和格雷戈尔·斯特拉塞取得联系,说他有兴趣愿与希特莱保持更多接触。1931年1月,他发出了一个更响亮的信号,允许纳粹分子报名参军,军方也可以安排纳粹分子从事敏感的民政工作。

希特莱对这些进展甚感欣慰,但不得不谨慎行事。正如当初与民族主义分子结盟时,他同党内的社会主义者结下了怨恨,那么现在与军方联姻,有可能使"冲锋队"感到不悦。然而,不管怎样,希特莱决心对施莱舍尔的主动表示做出回应。1月份,他重申他将继续奉行合法的政治途径,不再允许任何街头暴动。

1930年12月，纳粹代表扰乱国会，他们转过身去，背对着一位反对派的发言人。图片上可以看到纳粹党宣传部长兼柏林纳粹区区长约瑟夫·戈培尔穿着一件浅色夹克衣坐在右边中间。

"褐衫党"马上变得不安起来。希特莱在上一年的
8月只是暂时掩盖了他们的不满。"冲锋队"感到愤慨
的是,他们眼睁睁地看到成功的果实流到了那帮政客手
里,他们梦寐以求要大干一番的日子又得往后推了。现
在,他们被看管得更紧了。当一群持异议者在一位名叫
瓦尔特·斯特恩(德国东部的一名"冲锋队"指挥官)
的指挥者率领下图谋又一次兵变时,希特莱事先及时地
得到了消息。他解除了斯特恩的职位,从而化解了这次
起义。

在此同时,德国的经济状况继续恶化。国际贸易的
收缩迫使工厂关闭。德国的工厂要么买不到原料,要么
产品对顾客来说太贵。在截至1931年3月的6个月中,
失业人数增长了50%多,达到了475万。德国面临着
大规模银行崩溃的危险。外国银行的贷款曾一度激活过
经济的复苏,但现在它们要求偿还,这对于一个已经背
负巨额战争赔款的国家来说是根本不能承受的负担。德
国的储户们因为害怕失去他们的一生积蓄,赶紧排队取
款。当奥地利最大的信贷银行5月份倒闭后,德国最大
的银行之一——达姆斯塔特国家银行7月份也跟着倒闭
了,这时候,政府被迫暂时关闭所有的银行。

布吕宁政府仍然竭力对一个已经处于水深火热的民
族实行紧缩政策,以保持债务偿还能力。应急状态令进
一步提高税收,降低工资,削减失业福利。新任外交部
部长试图通过谈判取消德国和奥地利之间的关税壁垒来

改善贸易，但一贯持反对态度的法国害怕德国复苏得太快。法国声称这一协议违反了《凡尔赛条约》，因此在国际法庭上阻碍这一提议，从而羞辱了布吕宁。贫困和恐惧已到了无法承受的程度。人们普遍觉得，可怕的事即将发生。当驻英国大使 7 月中旬短期回到柏林时，他被"极度紧张的气氛"惊呆了。

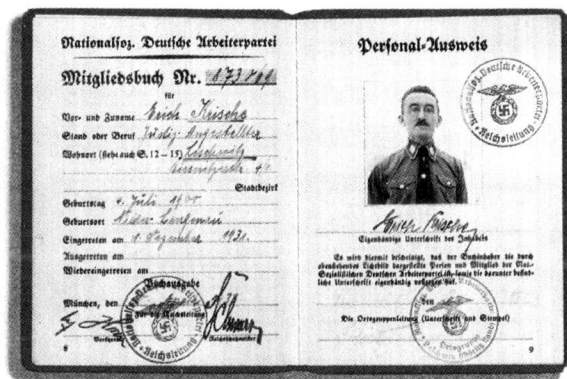

纳粹党的每一个党员都有一个这样的身份证，上面注明姓名、地址、职业和出生日期，还有某一位党委领导的签名。到 1931 年底，超过 50 万的德国人成了持证纳粹分子。

而另一方面，纳粹分子却认为一切都进展得有声有色。正如格雷戈尔·斯特拉塞在两年前宣称的那样，"凡是一切有利于加速大灾难到来的事都是好事，对我们和我们的德国革命都是很好的事"。选举上的多次成功证实了他这一说法。在 1931 年举行的最后 8 次地方选举中，纳粹党获得了平均 35% 的选票；而 1930 年只有 18%。希特莱欣喜若狂："我一生中从来没有像这段日子般从容满足，因为严酷的事实已经让成千上万的德国人看到了。"不过实际上，希特莱及其纳粹分子的力量还太薄弱，不能对事态起决定性影响。绝大多数德国选民仍然支持其他党派和领袖。尽管纳粹代表在国会里是一股不可忽视的势力，但它光靠自己还成就不了什么。

接下来，希特莱突然间发现自己面临一个他无法制

德国
共产党的发展

在魏玛共和国一片杂乱的政党中，只有德国共产党 (KPD) 能与纳粹党相抗衡。但是，在争夺德国群众人心的斗争中，共产党失败了。

失败的根子源于共产党自身的开创时期。德国共产党诞生于1918年的革命潮流中，当时，左翼的激进派与代表德国工人阶级传统政治利益的社会民主党 (SPD) 分裂。那次分裂破坏了德国劳工运动的团结。一位观察家写道："对普通工人来说，要决定这两个党派中哪一个值得支持，是一件越来越困难的事情。"KPD和SPD这两个昔日的同伴变成了势不两立的对手，其相互贬斥对方的程度甚至超过了他们共同的右翼敌人。

由于接受莫斯科"共产国际"的指令，德国共产党走上了一条曲折的道路。它一会儿想通过武装推翻共和国，一会儿又以忠实的反对派的身份出现。

事实证明，德国共产党只是成功地变成了令人恐惧的党派，而希特勒正需要这样的党派把选民们吓到国家社会党的怀抱中。

1932年，柏林的共产党支持者在巨幅红旗下庆祝五一节。在这次集会上，纳粹分子挑起了一场动乱，结果，政府只好让警察出面干预。

在1928年柏林的五一节集会上，一名演说者在大声痛斥时局。

柏林的共产党人在进行竞选活动，卡车上的标语写的是"宗教是人民的鸦片""没有什么高超的力量能救我们——上帝、皇帝、法庭，都不能"。

柏林的妇女们走在一支共产党游行队伍的前面。后面旗帜上的人像是在嘲讽国防军指挥官汉斯·冯·塞克特将军。他作为纳粹的傀儡，镇压了共产党1923年在萨克森尼、图林根、汉堡和鲁尔地区举行的起义。

在1931年柏林的一次骚乱中，警察逮捕了一名共产党领袖。警察与德国共产党之间的仇恨已深。两年前，柏林的警察局局长、社会民主党分子卡尔·佐格贝尔就已授权他的手下人枪杀违法的共产党人。

胜的个人对手——死亡。他一直与一位名叫格丽·罗波儿的年轻美人住在一起。当他俩于1928年夏开始有了关系时，罗波儿差不多只是他年龄的一半，她20岁，他39岁。她还是他的外甥女，他同父异母姐姐的女儿。在1929年和1930年那些难忘的岁月里，希特莱一直让这位年轻的姑娘待在身边，这给他错综复杂的公众个性增添了一点风流韵味。事实上，她就住在希特莱在慕尼黑的那套带有9个房间的新公寓里。

到1931年夏，他俩的关系已经恶化了。她不满希特莱对她的种种要求。随着隔阂的加深，她想重新掌控她自己的生活，回到维也纳继续学习她的歌剧演唱。然而，希特莱不同意，她实际上成了一个囚犯。1931年9月的一个早晨，希特莱在跟她大吵大闹一番之后正要离开公寓，罗波儿在窗户边大嚷道："这么说，你不让我去维也纳？"她得到的回答是一声干脆的否定。

希特莱离开了慕尼黑。第二天，房屋员工发现格丽·罗波儿倒在自己的屋里，心口中了一枪。所有的权威人士都认定这是一次自杀。希特莱绝望至极。格雷戈尔·斯特拉塞后来回忆说，在那之后的48小时里，人们不得不防范希特莱也去自杀。他的痛苦持续了好几周。正是在这次个人灾难期间，他得到了在德国政府里分享权力的第一次机会。他被邀请见布吕宁总理和兴登堡总统。

这两位政府官员以前都未见过希特莱，更不用说考

1930年，希特勒、格丽·罗波儿及母亲安杰拉（希特勒的同父异母姐姐）和一些下属官员在北海之滨度假。把照相机对着摄影师的人是《我的奋斗》的出版商麦克斯·阿曼。

虑给元首一次个人会见。他们现在这样做是因为希特莱政治地位日益提升的结果，是总理的无可奈何之举，是无所不在的库尔特·冯·施莱舍尔的幕后操作使然。

布吕宁一面谨慎地通过谈判说服协约国暂停赔款要求，一面在策划一个复杂的阴谋试图先发制人阻挡希特莱登上权力宝座。兴登堡的年迈可能使他在1932年总统任期结束时迫使这位战争英雄也退职。为了确保希特莱没有任何机会获得那个权力极高的职位，布吕宁提议取消选举，通过国会投票延长总统任期，并最终恢复君主制。这是一项不太可能的计划，但总理竭尽全力想要实现它。

同时，施莱舍尔想让希特莱进入政府以达到控制他的目的。实际上，他想"驯化"希特莱的计划跟布吕宁的计划一样不现实。但自信的施莱舍尔认为还没有人是自己的对手，他不停穿梭于他那帮朋友和敌人之间，想方设法要让总统和这位纳粹领袖靠拢在一起。

就兴登堡那方而言，他想在自己所剩不多的时间里决定该做些什么。总统已84岁高龄，他的心力和体力都在衰退，然而，那些建议他继续当总统的人说，只有他才能挽救国家免受正在上升的纳粹势力的威胁。仅仅为了看一眼这位潜在的威胁对手，兴登堡也不妨同意花点时间见见希特莱。

重要的会见日期定在1931年10月。当布吕宁邀请希特莱前去柏林的电报到达慕尼黑的"褐色之屋"时，希特莱急切地打开电报。他欣喜若狂地叫道："他们终于承认我是谈判中的一个平等伙伴。现在，我把他们装进了我的口袋！"

　　早期的"冲锋队"队员们服装颜色杂乱，这是他们在向小分队队长敬礼。新招进来的"冲锋队"队员必须经过高效率的军事训练，不是训练时不得带枪支。

一个纳粹
"冲锋队"队员的形成

希特勒曾宣称："我们必须用思想斗争，但必要的时候也要用拳头斗争。"当那种必要性来临时，希特勒把一群于 1920 年首次展示力量的小伙子视作纳粹党的"运动小分队"。这个平淡无奇的组织提供了便利的安全保卫工作，保护希特勒及其他纳粹分子演说者免遭怀有敌意的听众的伤害。1921 年 11 月举行的那次集会特别混乱，当时，希特勒手下人数众多的卫士把好几百名左翼分子从慕尼黑一家啤酒馆赶走。希特勒感激不尽，把 SA 的人都召集起来，把他们重新命名为"风暴小分队"，即通常所说的"冲锋队"。从此，希特勒宣布，"冲锋队"的任务不仅是在纳粹集会上维持秩序，他们还可以主动出击，钳制住反对的党派及其领袖人物。

对希特勒和德国其他的一战老兵来说，"冲锋队"这一称呼可以勾起他们自豪的回忆，精良的德国突击部队曾对敌军战壕发起过多次无所畏惧的袭击。不过，如此神圣的联系并不能掩盖许多 SA 队员那粗糙、未经过训练的情况。随着纳粹党在 20 年代末期加快了活动，SA 成员也开始猛增，不过他们中有很多人没有军事经验；事实上，很多人连一份稳定的工作都从未有过。要把这群松散惯了的新人转化成突击部队，或只是让他们去从事希特勒心中所想的非正规危险活动，都还需要严格的训练。

第一步，就是要给这些新招进来的人提供"他们在家里几乎总是缺乏的东西——温暖关怀，援助之手，同志情感"。定时开饭，在本地小酒店聚会，定期出去野营，所有这些活动都有助于培养他们对团队的忠心。体育运动和集体劳动可以提高他们的活力，培养他们的战斗力。"冲锋队"队长恩斯特·罗姆希望进一步实行兵营化，把这个团队铸造成一支真正的军队，但希特勒不愿意它太招惹事端。总之，"冲锋队"符合希特勒的理想——一方面足够守纪律、听使唤，而另一方面，又足够凶狂，可以用"完全的恐惧"来镇住群众，"使他们惊恐不已地顺从"。

新队员们手里拿着军用饭盒,排队等待热气腾腾的饭菜。对于穷苦的"冲锋队"队员来说,这是吸引他们的一大因素。

"冲锋队"队员们在挂有万字饰的啤酒馆里休息。这一类酒店也是他们在袭击政治对立派之前和之后的集合地点。

集体生活及
一顿热气腾腾的饭菜

　　"冲锋队"有他们自己的住房、聚会处和野营地,在这里,他们有住处、有伙伴。作为回报,他们要听从纳粹党的召唤。一位"冲锋队"队员这样谈到他在"冲锋队"里的家,"在这里,我们体会到了真正的同志友情。白天,我们去村里散发传单;晚上,保护党的会议。我们参加完一个选区的战斗,又去下一个选区,我们征服了一个又一个的城镇"。

训练后用桶接水洗脸。"冲锋队"队员们每年的野营训练要持续30天以上,强调军事训练、宣传技巧和政治上兄弟般团结的精神。

　　"冲锋队"队员们在接受一位牧师的祝福。对于信仰上帝和参加教堂活动，他们是口惠而实不至。

追求
"力量和灵巧"

　　"冲锋队"提倡体育运动和体力劳动是有诸多原因的。他们提高士气、吸引新成员，希望把德国那些繁荣的青年组织的健康气氛带到"冲锋队"里来。"冲锋队"队长恩斯特·罗姆认为体育运动和锻炼对于某些特殊行业如工程师、飞行员、海员和山地作战部队等都是很好的训练，这有助于将来某一天组建一支全面发展的"冲锋队"部队。不过，希特勒反对罗姆的目标，他倒赞同把严酷的户外活动作为"冲锋队"的训练原则。他写道，借助"身体的力量和灵巧"，德国的年轻人"一定能恢复德国人民是不可战胜的信心"。

"冲锋队"队员们拿着挖掘工具去从事一天的修路工作。

齐心协力划桨的"海上青年队"。

参加 1931 年"冲锋队"滑雪比赛的队员们徒步走向滑雪起点。

一位"冲锋队"教官在演示滑翔的基本动作。滑翔是一项深受欢迎的运动，它训练了未来的军事飞行员的反应力。

在 1933 年的一次战斗演习
中，"冲锋队"新队员们拿着
模拟的步枪钻爬铁丝网。这是
为了训练他们在敌军炮火下要
学会埋着头。

一名教官在调整一名"冲锋
队"队员的防毒面具。在第一
次世界大战中，参战双方都使
用了危害极大的毒气。

124

在模拟
战争中学习

　　1931年1月，当恩斯特·罗姆从玻利维亚回来掌管"冲锋队"时，他的那些队员们正在签名发誓："我明确宣布，我不是任何军事单位或秘密军事组织的成员，我与国防部队或警察没有联系。我发誓我将不参加任何军事训练。"

　　这誓言是为了安抚公众对日益增强的"冲锋队"势力的担心。罗姆在回来后不久，便与德国国防部长库尔特·冯·施莱舍尔秘密达成协议，发生战争时，"冲锋队"将接受军队的指挥。作为回报，"冲锋队"可以使用国防部队的训练设施。

　　罗姆的梦想是要铸造一支纳粹自己的军队，这支军队最终将威慑并吸纳传统倾向的国防军。然而，这一野心使他与希特勒发生了冲突。

　　"冲锋队"队员们在全神贯注地练习接听电子信息。这种训练为纳粹党的秘密电报和无线电网络培养了军事技术人才和娴熟的发报员。

实施
元首的指令

　　"冲锋队"随时准备用暴力支持希特勒的言论，这一做法在纳粹党上台后产生了严重后果。元首早就许诺要砸碎德国的马克思主义，所以在他成为总理后的几周里，"冲锋队"使那一诺言成为现实。几千名"冲锋队"队员携带器，充当警察协管，给纳粹党的左翼老对手实行了最后的清算。与此同时，"冲锋队"也成了希特勒用以对付他的另一主要目标——犹太人——的工具。1933年初，"冲锋队"伙同其他纳粹分子强行抵制犹太人的商业活动。阻挡店面的纠察队中尽管也有纳粹的党卫队和其他人员，但大多数德国公民都认为，起主要作用的是"冲锋队"。德国人已学会了惧怕褐衫党徒，只有胆大的人才敢穿越希特勒这支突击部队的封锁线。

　　右边，一名"冲锋队"队员在一家店铺前面张贴反闪米特人的标语，而一名党卫队队员（右数第二）用手势指向下一个目标。在下图中，"冲锋队"队员在以色列百货商店（柏林最大的商店之一）门前纠察，标牌上写着警告语："德国人，保卫你们自己！不要买犹太人的东西！"

一支"冲锋队"小分队（台下站立的一排）在保卫会场。台上，一名纳粹党演说者正在演讲，挂着的横幅上写着"阿道夫·希特勒为你指路"。这样的保卫工作是很有必要的，经常会有一些捣乱分子进攻讲台或朝台上乱扔啤酒杯和其他东西。

1931 年，巴伐利亚的一支警察小分队试图阻止纳粹分子游行，但人数众多的"冲锋队"使警察无能为力。当时，"褐衫党"仍然被禁止携带武器。

一名在行动中受伤的"冲锋队"街头混混接受元首的慰问和一小束鲜花。希特勒发誓要摘除那些在战斗中退缩动摇的"冲锋队"队员的党徽。

困境
中的得失

30 年代初期，"冲锋队"尽管还在不断加强军事训练，但其职责主要是政治性的。在希特勒看来，"冲锋队"的存在就是为了把他的思想强行传输给人民。跟早期一样，"冲锋队"仍然担任纳粹集会的保卫工作，随时准备向其他党派的捣乱分子挥舞棍棒和拳头。成千上万的褐衫党徒散发纳粹传单，张贴海报，与其他党派频频发生冲突。这些冲突使德国的政治运动充满血腥味。在1932 年 7 月国会选举之前的一个月里，有 99 名党徒在打斗中被杀死，另有数百人受伤。

柏林的警长对他所辖城市的"冲锋队"深恶痛绝，他把他们称作"十足的匪徒"。不久之后，他在"冲锋队"的一个射击场发现一个模仿他形象的玩具靶子，上面布满了枪眼。

希特勒要求他手下的人要具有无所畏惧的勇气，并唆使他们在进攻时要毫不留情。当警察及非纳粹报刊谴责"冲锋队"的残忍性时，希特勒异常高兴。他叫嚷道，有了如此的关注，"我的努力和我的党就会出名，同时也会使人恐惧"。

1933年，在被允许成为辅助警察后，一支挑选出来的"冲锋队"分队队员在他们长官的监督下第一次拿到了枪支——"卢格尔"自动手枪。

3. 大选获胜

就在情人格丽·罗波儿自杀后差不多 3 周，阿道夫·希特勒被邀前去柏林与总统保尔·冯·兴登堡面谈。对这位纳粹领袖来说，这是一件很重大的事情。如果他能把握好自己，能成功地赢得总统的青睐，他的政治资本将大增。对于政府来说，这次会谈也一样重要：如果兴登堡能赢得希特勒的支持，能把他拴在"合法性这根木桩上"，政府就能够利用纳粹党组成立法机构中的大多数，使德国的保守派领袖们继续掌权。在整个过程中，纳粹分子将得到控制，政治瘫痪的威胁或武装革命将可以避免。

1931 年 10 月 10 日，沿着宽阔的威勒姆大街，一小群人聚集在总统官邸附近，都想看看希特勒坐着敞篷汽车经过。人群中有几只手臂举起来敬礼，大多数人则只是好奇观望。总统在官邸里正等着。作为一名为自己的国家服务了 60 多年的坚定的爱国者，兴登堡将于 1932 年春天总统任期结束时退休。他 10 月 2 日刚庆祝自己的 84 岁生日，偶尔会有年老糊涂的时候。他只想在乡下的家中，跟他那帮容克地主朋友和邻居们待在一起，度完他最后的日子。

然而，兴登堡的长期为国服务使他赢得了他的德国

在大萧条年代的 1932 年，人们在观看一张纳粹竞选活动的海报，上面写着"我们的最后希望：希特勒"。

同胞们的信任，由于有了信任，也就有了责任。人们担心，如果这位德高望重的人物离开政府，希特勒就有可能竞选总统——他是极有可能当选的。因此，兴登堡内部圈子中的人都劝这位老人实施一项使他任期延长的计划。即便兴登堡私下里瞧不起那位暴发户似的纳粹领袖及其激进的思想，他也同意见见希特勒，争取获得他的支持。

在赫尔曼·戈林的陪同下，希特勒与兴登堡在书房里相见。尽管已经年老，高大挺立的总统仍然威风凛凛，有着满头的白发和浓密的翘八字胡。希特勒，可能由于最近个人悲剧的影响，在总统面前显得局促不安，使会谈从一开始就很糟糕。当总统提出国家社会党应该为了

1931 年 10 月 11日，希特勒在巴特哈尔茨堡的一次纳粹党和德国民族主义党的集会上演讲。坐在希特勒左手边的是长满络腮胡的民族主义党领袖阿尔弗雷德·胡根堡，他的保守的联合政府被希特勒嘲笑为一堆"资产阶级大杂烩"。

国家的利益支持政府，希特勒慷慨激昂地陈述了该党的奋斗目标，陈述过程中不时夹带着他在演讲时惯用的戏剧性手势。有一次，总统打断他的话，指责纳粹的暴行，希特勒马上口头答应要严加控制"冲锋队"。但兴登堡并不相信他的话，对他的印象也不好。当希特勒讲完后，老人挥了一下手，示意他离开。这位纳粹领袖生硬地说了一声"再会"，便同戈林一同离开了。后来，兴登堡曾鄙夷地说，那个"波西米亚下士"有一天可能会成为德国的邮政局长，但永远也不会成为总理——这个位置只有总统才有权决定。

第二天，希特勒遭受了又一次挫折。在度假山庄巴特哈尔茨堡，几支右翼派系聚集在一起，准备组成联合势力来挑战现有政权。这一集会的组织者是出版业巨子兼民族主义党首领阿尔弗雷德·胡根堡，他欢迎同是异端分子的希特勒加盟。希特勒同意参加集会，这样做至少可以在表面上保持一个联合的保守派阵线以反对共和政权。

然而，在巴特哈尔茨堡，希特勒找不到他喜欢的东西。一方面，参加集会的"冲锋队"队员人数大大少于胡根堡的"钢盔党"成员（"钢盔党"是一支主要由一次大战退伍军人组成的私人军队）。另一方面，与会人员多数来自德国的上层阶级——富裕的政客、商人和地主，退休的将军，甚至还有已被罢黜的德国皇帝的两个儿子。在这群头戴礼帽、身穿礼服或制服上缀满勋章的人中间，希特勒觉得自己是一个局外人。

情绪本来不好的希特勒在讲台上却占尽了风头，使胡根堡相形见绌，他驳斥任何有关联合阵线的观点。他把他手下的人都召集起来，要求他们宣誓只跟随他。这一仪式持续时间过长，使他参加胡根堡的一个聚会时迟到了。后来，他又巧妙躲过了集会的编委会召开的一次会议，他认为那是一次没有多大用处的会议。在最后的游行庆典上（这是为了表现右翼各派的团结向上精神），希特勒只检阅了自己的部队，然后马上就离开了庆典，他不想看到钢盔党的势力。他小看胡根堡的另一事例是他拒绝出席一次正式的晚宴。当问他为什么要这样对着干时，他解释道，在他的大多数追随者还没有工作、还在挨饿的时候，他无法去大吃大喝。接着他夸口说，他曾领导过全国最大的一次民族主义运动，因此，国家社会党将凭自己的力量与魏玛政府做斗争。

希特勒要把这番话马上付诸行动，就在哈兹堡大溃败后一周，他在布劳恩施威格市举行了一次大型集会。他派火车和汽车运来 10 万名"冲锋队"队员，让他们围绕一处田野进行了 6 个小时的方阵游行，同时，头上有拖着万字饰的飞机盘旋。夕阳西下后，褐衫党徒们又继续游行，举着的火把照亮了夜空。布劳恩施威格市的居民被这种景象吓坏了。

看着属于自己的这一块表演场地，希特勒又有了高昂的斗志。他在布劳恩施威格市对他的兵团讲话时宣布，纳粹运动将"在它自己的目标范围内"进行。他断言，这次游行大会是夺取权力前的最后一次盛典。

希特勒想要的权力仍然控制在兴登堡及其圈内人物手里，但随着 1931 年即将结束，这帮人越来越想牢牢控制住政府。他们主持着一个分裂的、实际上已经瘫痪的国会。十大党派都过分关注自身利益，他们几乎无法形成一个大多数来通过哪怕是一项立法。

到了这种时候，德国人民已不再相信立法机构有能力使日益恶化的经济状况得以缓解。政府的行政机构也没有多大指望。布吕宁总理是一个清高的学者型政治家，他曾试图通过提高税收、降低工资来应付局势。这些严苛的紧缩措施给他带来的只是人们的鄙视。德国公众对政府议案不再抱任何希望，他们害怕动荡不安的生活，他们厌烦排队——找工作、领食品甚至典当财物，什么都得排队。他们开始渐渐接受希特勒的狂热以及他的未来好日子的许诺。

没有人比政治上的后台操纵者库尔特·冯·施莱舍尔对希特勒角色的重要性看得更清楚了。施莱舍尔认识到，要是让这样一位人物自由发展的话，那将是多么危险。希特勒的褐衫党徒现在是以数千、数万来计，他们与对立派的打斗多次差一点儿触发内战。整个秋季，希特勒本人在演讲中和报刊上连篇累牍地攻击政府。10月，他指责布吕宁曾威胁要动用军队来维持他那奄奄一息的政权。两个月后，总理在一次广播讲话中请求德国人民不要发表使政府分裂的言论，希特勒马上指控布吕宁企图剥夺人民的言论自由。他写道："总理先生，您自己很嫉妒地认为，在德国只有政府才有行动的自由。那么，总理先生，要想让德国人民了解我们对您那些毁灭性计划的看法，或您那些计划中的错误以及随之而来的灾难，除了言论，我们还剩下什么呢？"

针对这种形势，施莱舍尔在自己所处的位置上可以有所作为。他是国防部队的长官，在军队和其他部门之间起主要的联络作用；他还把军队里的情报系统用到了政府机构里，每一个政府办公室都安插有情报员。他的外表不怎么样——矮小、秃顶、腰部略显肥胖——但他是一位天才的政治战略家。用他的一位同事的话来说，他"跟人人都处得来"。他是兴登堡总统的耳目，与格罗纳关系密切（后者把他看作是继子）。因此，施莱舍尔的大多数时间都是在威勒姆大街的总统官邸度过的，他秘密安排着政府的各项事务。认识施莱舍尔的人都觉得他这个人就是喜欢玩弄政治，尤其喜欢看到政坛人物在他的安排下起落沉浮。的确，"施莱舍尔"这个姓安在他的头上是再合适不过了，它的意思是"阴谋家"。

施莱舍尔从未动摇过他要把希特勒争取过来的决心，他要利用他及纳粹党组成一个强大的、能控制住国会的保守派联合政府。施莱舍尔还垂涎训练有素的"冲锋队"的价值——这支民兵队伍可以用来支持国防部队以对付波兰和法国这样的潜在敌人。所以，当那个寒冷

走近
"铁人兴登堡"

在军队里服役差不多半个世纪后，保尔·冯·兴登堡将军刚刚享受了还不到3年的退休生活，这时，1914年8月的枪炮声又把他召到了东部前线。几周之内，67岁的兴登堡及其参谋长埃里希·鲁登道夫率领的第八军在坦嫩贝格和马祖里湖区击溃了两支俄国军队。一夜之间，勇敢过人同时又冷漠无情的铁人兴登堡成了民族英雄。1916年，他被任命为总参谋长，亲自指挥了德军的最后几次攻击战以及最终在西线的大撤退。

即使失败也受到人们崇拜的兴登堡带着军队回家，他又过上了一位贵族老军人的生活。然而，1925年，责任感再次让他过不上退休生活。这一次，他成了全国的总统，全国人民仍然把他当作偶像来崇拜。

保尔·冯·兴登堡在他东普鲁士家中的客厅里，墙上那幅画像与他真人一般大小。

送给兴登堡一家的诺伊代克房产（左）最早是属于弗雷德里克大帝的，后来落入信贷商之手。但是，兴登堡总统的支持者买下这一房产，恢复了它的高雅气派（下），并于1927年他生日时送给了他。

兴登堡和他的孙子孙女在柏林总统府前面的林荫道上散步。

1932年，诺伊代克的这位乡绅在招待他的几位内圈朋友。坐着的几位从左顺数依次是总理巴本、国务秘书奥托·迈斯纳、兴登堡、国防部长施莱舍尔和内政部长威勒姆·冯·格尔。

兴登堡是一个狩猎迷。图中，他和一位年轻的同伴正展示他们在巴伐利亚的阿尔卑斯山区捕猎到的两只羚羊。

阴沉的德国冬天开始时,他催促政府再一次召见那位"波西米亚下士"。

希特勒在慕尼黑收到了电报。他高兴不已,马上赶往首都,下榻在凯泽霍夫饭店,这是一家大饭店,纳粹党的柏林总部就设在里面,而且街道的斜对面就是总理府和总统府。

政府的这次要求比秋天那次要更具体些:希特勒愿意叫国会中的国家社会党代表赞同不经选举就延长总统的任期吗?作为回报,布吕宁将在1~2年内辞职(等他把德国的外交事务理顺并把经济推上复苏的正轨后),况且,他还可能推荐希特勒当总理。

希特勒选择凯泽霍夫饭店(左)作为他在柏林的官邸和纳粹党的总部,这使得他处于首都的中心。就在威勒姆大街的对面,是帝国的总理府和总统官邸。

　　然而，希特勒在过去的10年中做出了太多的努力，他不想把自己的影响力冒险地押在一个扑朔迷离的协议书上，况且，他痛恨与人分享权力。有一个多星期，他待在凯泽霍夫饭店里，与那几位陆军中尉共同考虑这一提议。只有格雷戈尔·斯特拉塞催他接受，约瑟夫·戈培尔和恩斯特·罗姆都极力反对。戈培尔在日记中写道："人人都在威勒姆大街上瞎蹦乱跳，就像一群疯狂的母鸡。要知道，所有的牌都在我们手里。"

　　1932年1月中旬，希特勒终于对政府的请求作了回应。在战术方面，他一直就是一个灵活多变的家伙，这次，他把自己表现成一个坚定的宪法捍卫者。他声称，不经过选举就延长总统任期的那项提议是违背宪法的。如果总统宣布放弃那一计谋，那他将在合法的选举中支持总统。当然，布吕宁必须走开，另外，还得举行新的国会选举。

　　并不让人吃惊的是，政府拒绝考虑这些条件。这下希特勒也很明确，他的唯一道路就是亲自竞选总统。不过，面临如此强大的对手，他现在还不愿意大造声势。兴登堡好像也不确定自己的下一步行动。与此同时，在纳粹党的上上下下都笼罩着紧张气氛。戈培尔写道："人人都很紧张，神经都快崩溃了。"

　　希特勒一边忙碌着，一边等待时机。1月底，他给布吕宁写了两次信，激烈地谴责总理的提议违背了宪法，并警告说，现行的立法机构是在一年多之前选举出来的，

不能再代表现在的民情，从法律上说，也不能投票延续
总统的任期。把这两封带刺的信寄出去后，他动身前往
德国西部的重要工业城市杜塞尔多夫。他在该市的帕克
饭店的舞厅里给"工业俱乐部"的一大群人讲了话，这
是一个由商界高层管理人员、销售
代表、贸易协会官员和大公司律师
构成的组织。这次演讲，与希特勒
所有的精心为听众量身打造的公开
演讲一样，使听众感到既害怕又痛
恨，同时也有希望。

　　面对这些商人和大亨，希特勒
猛烈抨击代议制政府。他解释说，
民主被人捧为人民主权，但实际上，
它是"愚蠢、平庸、懦弱、虚弱和
不健全的统治"。此外，多数人的
统治只会导致经济上的毁灭，因为在一个民主治理的国
家里，一小撮人将不可避免地接管工业。希特勒还说，
如果不制止住共产主义，那它将横扫全球，把世界"完
全变样，就像基督教在过去所做的那样"。

　　希特勒讲了两个多小时，他谈到了纳粹哲学的其他
许多方面，然而，他始终避免提到任何反犹太人的观点，
因为舞厅里的一些与会者可能就是犹太人。他的确谈到
了白种人的"优越性"，并说"一个民族的内在价值"
取决于它的种族纯洁度，即它的"血液构成成分"。他

如许多人的误解
一样，这张 1932 年
刊登在社会民主党周
刊上的漫画也把希特
勒描绘成自鸣得意的
商界大亨们的一份典
当物。

认为，早期的强大德国，其力量来自于"所谓北欧人的贵族意识"。

在讲话快要结束时，希特勒说到了他刚开始涉足政治时的可怜。他说他在1918年就已认识到必须建立一个组织来把破败不堪的德国统一起来。因为他出身寒微，他必须通过努力奋斗："我只是一个无名的德国小兵，在我胸口上只有一枚很小的镀锌勋章。"他吹嘘他跟另外6个人共同创建了纳粹党（而实际上他是在建党之后不久加入进去的）并颂扬他们努力的结果。"今天，这一运动已不可摧毁，"他宣称，"人们不管喜不喜欢它，都得掂量掂量它。"

整个演讲流光溢彩，但希特勒没有给经济的恢复提供多少实用的建议。大公司对纳粹党名称中那个"社会"一词仍然很警觉，他们把纳粹分子视为政治闹事者——比乌合之众好不了多少。在杜塞尔多夫听希特勒演讲的商人们以及在后来其他场合听他演讲的人只给纳粹的事业捐赠很小的数目。纳粹党主要还得靠党费和在大型集会上征收的新入党费来维持（有些收费是很高的）。

杜塞尔多夫演讲之后，希特勒又回到慕尼黑的"褐色之屋"，在那儿，他与戈培尔一起讨论总统竞选的计划。这时还没有宣布希特勒的候选人资格，而紧张的气氛一直在继续。戈培尔写道，"一个人不得不绷着神经，学会如何等待"。2月15日，兴登堡总统终于通知了他有候选人资格。一周之后，戈培尔在柏林正式宣布，纳粹党将提名阿道夫·希特勒作为帝国总统的候选人。

离大选只有 3 周时间了。纳粹的宣传机器已经开足马力，准备满负荷地运转起来。1931 年初，希特勒就已组建"帝国宣传理事会"，专门负责传播纳粹的信息。"帝国宣传理事会"的触角伸到德国各地，有像柏林、慕尼黑、汉堡这样的大城市，也有像底特拉姆策尔（兴登堡总统秋季狩猎的地方）这样的小村庄。每个月，"帝国宣传理事会"都要向所有区党委领导下达指示，布置下一个 30 天内的宣传任务。反过来，区党委领导把本地区的公共舆论收集起来，写成报告按月呈交给"帝国宣传理事会"，然后，"帝国宣传理事会"又把这些信息分专题整理出来。信息来自各色人等，有妇女，有地方官员，有蓝领工人，区党委领导可以挑选出最适合本地人民的题材。

然而，纳粹宣传库中最关键的武器是群众大会。在 3 周的总统竞选活动期间，纳粹党在德国各地一天中举行了 300 次会议。希特勒、戈培尔和斯特拉塞穿梭于全国，在一些最大型的集会上发言。每个会议大厅都是彩旗飘扬，旁边站着"冲锋队"队员。他们的演讲都充满了流行口号。"我们站在德国命运的转折点！""我们为今天战斗！我们为明天战斗！"等等。这些来势凶猛、充满激情的言辞让人们感到陶醉。希特勒许诺道，生活本身不久将再次具有意义和目的，德国人民将再次感觉到"内心中的欢乐"。

　　为了加重这些言辞所挑起的狂热情绪，各地城镇的墙上贴满了海报，地上堆满了传单，街上到处是"冲锋队"队员高唱着"德国，醒来吧！"。卡车上架着高音喇叭不断播放着纳粹的信息，甚至还有纳粹的宣传电影。这种纯粹追求新奇的做法吸引了城市和乡村的一大批人。多数宣传活动的要旨——无论演讲、印刷品、录音材料、电影——都可归结为一点："阿道夫·希特勒是我们的最后希望。"

　　地方上的党委领导们为了赢得选票付出了辛苦的工作。他们为穷人提供免费汤，支持公益事业，发动赈济活动。纳粹党还通过发起职业或行业组织来赢得一些思想转变分子，如"德国建筑师战斗协会""零售商战斗同盟"等。这样的组织发展得很快，如纳粹的产业工人工会组织在1931年会员是3.9万，1933年增加到40万。另外，当纳粹分子没能排挤掉某一个现存组织时，他们就对它进行渗透。

　　为了对付这个政治狂人，布吕宁总理代表兴登堡也以同样的手段作了回击。他也到德国各地进行演讲，到处颂扬总统。兴登堡本人亲自参加了两次活动：他让人把他宣布竞选总统的事拍成一部短片，另外，在选举活动快要结束时他对全国进行了一次广播讲话。他表达了他对德国的担忧，一旦希特勒这样一个有着"激进主义观点的党棍"掌权，德国将面临多么严重的危险。兴登堡认为，阻止这一危险是他义不容辞的职责。"如果我竞选失败了"，这位战场上的老元帅谦逊地告诉全国人民，"至少我不会引起人们的谴责，说我是在关键的危机时刻推卸我的职责。我不要求那些不愿意给我投票的人投我的票。"

清点完选票，兴登堡差半个百分点达到多数票。为了证明他有权力继续做国家的首领，他还得忍受又一次大选。纳粹党候选人仅得到总票数的30%，大约1100万张选票。这结果离选民的授权还差得很远，但这差不多是纳粹党在一年半前国会选举中的票数的两倍。剩下的那些选票被民族主义党和德国共产党分享了。与过去大不相同的是，这次投希特勒票的人很多都是容克土地贵族。在更安定的年月里，这些人本来会把票投给兴登堡的。因此，总统这次的选民主要是温和的天主教团体及工会组织，这位顽固的君主主义者对此感到极不舒服。

尽管赢得了巨大的票数，纳粹分子也一点高兴不起来。他们还远远未达到大多数；事实上，在柏林，只有23%的选民支持他们。即便希特勒在私下里也流露出受挫之情。一位在某晚夜深时去拜访元首的党员发现，元首的房间灯未开，他"看上去很失望，很受打击，就像一个已到山穷水尽的赌徒"。

然而，在公开场合，希特勒没有表现出垂头丧气的样子。戈培尔写道，"他毫不犹豫地要去面对又一次战斗。我从未看到他动摇过。"党员们率先行动。《人民观察家报》（*Volkischer Beobachter*）的主编阿尔弗

在一个大多数人
从未坐过飞机的年
代，希特勒却经常不
断地坐着飞机旅行。
正下图：在 1932 年
的总统竞选活动期
间，希特勒和他的副
官兼飞行师威勒姆·
布鲁克纳在研究旅行
路线。底端图：一支
党卫队仪仗队在东普
鲁士的一个机场迎接
希特勒。

雷德·罗森堡描绘了党的路线："现在，斗争正以德国
以前从未经历过的残酷和无情在进行。我们斗争的基本
点是痛恨一切反对我们的东西。"

为了这第二轮大选，希特勒及其手下想出了一种
颇新颖的战术。布吕宁总理由于担心国家的稳定，直
到复活节以后才准许一切竞选活动。这使得离 4 月 10
日正式选举日只剩下一周时间。为了最充分地利用时
间，纳粹分子从汉莎公司租用了一架飞机，专门搭载
希特勒及其随行人员飞往德国各地。他们把这一活动
称作"希特勒在德国上空"。
在一周的时间里，希特勒在
21 个城市降落过。有一次，
出现了狂风暴雨，大多数飞
机都停留在地面，但他那架

1932年，在一辆写着"兴登堡继续当总统"的游行彩车上，代表中产阶级的竞选宣传员在动员柏林人。在上面的3张海报中（从左至右），纳粹党攻击的目标是天主教分子和共产党人，民族主义党强烈要求总统压制国会，而共产党要求结束整个制度。在对面那页上方，社会民主党预示纳粹统治下工人的命运，而人民党则警告通货膨胀和内战的危险。

飞机却起飞了。纳粹分子指出,这种英勇行为正是德国所需要的。

由于竞选活动的大肆炒作,选举日那天,希特勒的票数比 3 月份那次增加了约 200 万张。但是,纳粹分子的不懈努力并未使他赢得头彩。兴登堡只增加了不到 100 万张支持票,就获得了他继续留任所需的大多数票。

希特勒在选举上再一次受挫。然而,幕后的许多事情现在合谋在一起要剧烈地改变政治形势了,这为希特勒获得了他靠宣传活动得不到的东西。如何对付"冲锋队"成了这场戏最为关键的问题。到 1932 年春天时,褐衫党徒的人数已经突破 40 万,这是国防部队人数的 4 倍。好几个城市的警方已发现证据,"冲锋队"的首领们明目张胆地自行其是,图谋篡夺地方政权。普鲁士和巴伐利亚的州政府已很难维持好街上的秩序,请求中央政府对纳粹军队采取行动。这些请求被转到国防部长格罗纳那儿,他还兼任内政部长,应对此负责。格罗纳要求政府采取行动。4 月 13 日,即兴登堡再次当选总统后 3 天,内阁取缔了纳粹党的一切有统一制服的组织,包括希特勒的"党卫队"——SS。警察占领了曾经聚集闹事和图谋制造混乱的希特勒的部队住处和兵站。

"冲锋队"被迫暂时转入地下,不过希特勒好像并没有被吓倒。他继续劲头十足地在普鲁士、巴伐利亚、安哈尔特、符腾堡等地的选举活动中为他的党拉选票。

1932 年 4 月 24 日，4/5 的德国人将去投票站。现在，
希特勒已是一位重要人物，他的出现总会吸引人们的注
意力和好奇心。他的演讲技巧正处于巅峰状态，他的流
光溢彩的表演动作总能抓住听众的想象力。他尽可能地
在晚上演讲，他觉得，他在白天无法与他的听众建立必
要的纽带。制造悬念也是他的一种技巧，他会让他的听
众等待，有时候要等上几个小时。当他最终出现在讲坛
上时，他会稍微停顿一会儿，等人群安静下来。只有当
他控制了晚会的情绪时，他才开始滔滔不绝，把那些狂
喜的听众一步一步地引向激情的高潮，直到他最后讲完
时才让他们松弛下来。每次他演讲结束时，他的衬衣都
会被汗水湿透，他整个人也会变得筋疲力尽。当人群欢
呼时，他就退出讲台，回到旅馆房间，然后静静地、不
停地喝着蔬菜汤。

希特勒在 4 月下旬以这种方式跑了 26 个城镇。结
局还是不太明朗。在德国最大的州普鲁士，纳粹党大
致得到了希特勒本人在总统大选中所得到的相同百分
比，而在其他地方百分比就要小些。不过，纳粹党的
确有代表进了地方上的立法机构。这足以让魏玛政府
坐立不安了。

当那个春天希特勒忙于选举运动时，阴谋大师库尔
特·冯·施莱舍尔也发起了他自己的一次运动，他要把
兴登堡内阁中的一些要员赶下台来。施莱舍尔刚开始也
支持禁止"冲锋队"和党卫队，但后来改变了立场。就

在那一禁令快要实施之前，他秘密地会见了希特勒，说他是反对那条禁令的。不久，施莱舍尔又迫使兴登堡总统取消了那条禁令。

同时，施莱舍尔开始诽谤他的老上级格罗纳，他现在把格罗纳看作是社会民主党的马前卒、与希特勒打交道中的绊脚石。施莱舍尔策动将军们反对国防部长，并在 84 岁的兴登堡日益衰竭的心里播种不信任的种子。施莱舍尔利用他与总统儿子兼贴身助手奥斯卡·冯·兴登堡的密切关系去取得那位老人的信任。施莱舍尔故意在他面前散布谣言、搬弄是非，说格罗纳的幼子是立下婚誓后仅仅 5 个月就出生了。最后，他给格罗纳致命的一击，冷冰冰地告诉他军队已不再信任他了。5 月 12 日，在国会里连续几天遭到纳粹代表的恶劣攻击后，格罗纳辞去了国防部长的职务。

摆平格罗纳后，施莱舍尔又着手准备用高压压倒他前进道路上的下一个障碍物——布吕宁。在公开场合，他支持总理，说他是"在可预见的未来唯一能控制德国局势的人"。然而，当总理要求施莱舍尔接任格罗纳刚刚卸下的国防部长一职时，这位老谋深算的阴谋家回答道："我愿意，不过不是在你这届政府里。"在 5 月份的下半个月里，施莱舍尔一直挑拨兴登堡反对布吕宁，由于总统也在闹情绪，这一任务变得容易多了。兴登堡不仅不感激总理在三四月间的竞选活动中的一片忠心，相反，他对布吕宁怀有怨恨。他觉得，是总理使他暴露

1932 年 4 月的大选过后，一辆卡车上塞满了"冲锋队"一个大本营的装饰物件。为了防止"褐衫党"搞政变，布吕宁政府宣布"冲锋队"和"党卫队"为非法，并命令铲除他们的办公基地和营地。

于一场争论不休的选举中，使他与左翼各派有了牵连，而他本人和他那些保守的同行们是憎恨左翼的。

一些容克地主支持者在诺伊代克的乡下为兴登堡家族购置了一处房产，并把它送给了总统。现在，他就在那儿享受美好的春天。这些容克地主在兴登堡面前明确表示，他们也要布吕宁辞职。施莱舍尔秘密策划了一个新的政府来替代布吕宁的政府及其内阁。同时，他与希特勒见面，提出了一笔交易：新的政府将取消对纳粹准军事单位的禁令，并将举行新的国会选举，而作为交换，希特勒必须默认支持这一切——他只需要暂时提供支持就行。

5月下旬，兴登堡回到柏林。在5月29日的一次会议上，布吕宁发现总统的情绪不同寻常地冷淡。当请他签署一大堆文件时，他避而不签。他说他更愿意与政府的其他领导讨论一下。另外，总统抱怨说，布吕宁政府也未免太自由了，他听说一些部长甚至有布尔什维主义倾向。布吕宁感到很诧异，他问总统是否想要他辞职，答案是肯定。

同一天下午，纳粹党在一个州的选举中获胜。这一次是在德国西北角的奥登伯格州，是纳粹党第一次在地方立法机构中获得多数票。选举结果在柏林引起了极大反响。当首都的很多人还在屏住呼吸等待总理人选的消息时，已经有人放言，纳粹掌权近在咫尺了。在选举后的那一天，当学生们赶到柏林的一所学校时，发现房顶上飘着一面纳粹旗帜。当大楼的勤杂工拒绝打开通向房顶的门时，其中一名老师（一位在一次大战中丢掉左臂的老兵）从屋顶窗爬出去，探着身子摘下了那面旗帜。

当天上午晚些时候，3 名穿着纳粹制服的学生告了那个老师一状。校长答应将"仔细调查"此事，并暂停了那位独臂老师的工作。有人在他那个教室的黑板上写了一条反闪米特人的标语。当学校中午开午饭时，"希特勒青年团"的成员们殴打一名 12 岁的犹太男孩，直到愤怒的同班同学把他们赶跑为止。

这一事件是不祥之兆。年轻的纳粹分子过于早熟，炫耀自己的胜利。1932 年 6 月 1 日上台的新总理不是希特勒，而是弗朗兹·冯·巴本，一位 53 岁的右翼贵族。巴本缺乏任何政党的信任和支持。一位同时代的人把他说成是"一个很独特的人，一个包括朋友和敌人都不看重的人"。施莱舍尔当然知道这一点。有人指责他挑选了一个没有头脑的人当总理，他回答道："我不需要头脑，我需要一顶帽子。"巴本尽管显露不出特别优秀之处，他却很迷人，很富有，社会关系很好。不久之后，这位颇为自负的献媚者逐渐取得了总统的信任。兴登堡喜欢把比自己小 30 岁的巴本友好地称作"小弗朗兹"。

新内阁的每一位成员都是施莱舍尔挑选的，而他本人担任国防部长。所有的新上任者好像都跟巴本一个模子倒出来似的——富有、贵族派头、思想保守，而且由于他们都没有政治根基，他们也就没有多大的影响力。

他们被人们鄙夷地称作"贵族内阁"。

　　巴本当上总理后的第一个举措，就是礼貌地要求希特勒以书面形式保证支持新政府。但希特勒根据施莱舍尔的诺言，要求马上举行新的国会选举，并允许"冲锋队"和"党卫队"恢复活动。6月中旬，巴本在这两点上都让了步，作为回报，纳粹分子向他保证（口头保证）将与他的政府合作。而实际上，纳粹党嘲讽了总理，在禁令还未正式取消之前，穿着统一制服的部队就在公共场所走过。希特勒决心让公众明白，他不愿与巴本及那个软弱无力的"贵族内阁"发生关系。正如戈培尔所说，"如果我们让自己对他们的所作所为负责，那我们将失去一切机会。"

慕尼黑的骑兵警察冲散一支抗议禁止"冲锋队"和"党卫队"的游行队伍。当两个月后布吕宁总理下台时，这一禁令被取消。

警察在一辆装甲车上使用水枪压制1932年夏天的那次街头暴乱。在巴本政府恢复秩序后（共产党称这是"对谋杀的邀请"），"冲锋队"肆意横行。5周之内，133名纳粹分子、共产党员和警察被杀死。

在德国人民看来，"冲锋队"在禁令取消后的那几周里的表现行为与政府的懒散无力形成了鲜明的对比。这支难以驾驭的部队在过去的两个月里被迫收敛了一下自己的激情。现在，随着闸门打开，他们比以前任何时候都更肆无忌惮。成帮结队的纳粹暴徒挥舞手中的棍棒、铜钩铰链和弹簧钢球管子与左翼各派势力火拼。全国各地每天都有街头战斗。在普鲁士，5周之后的死亡人数是99名，而受伤的是10倍之多。7月17日，星期天，国会选举前两周，暴力达到顶峰。在汉堡的阿尔托纳渔港，一支7000人的纳粹部队冲进了一个工人住宅区。工人狙击手从房顶上和窗户里开枪，"冲锋队"队员们还击。当战斗结束时，又有 17 名德国人倒在血泊中。

这一流血事件给了巴本一个下刀的口子。事实证明，这位新总理有他自己的治国思想，他这几周一直在考虑对普鲁士州政府采取行动。州政府设在柏林的普鲁士占德国全国人口的 3/5，是社会民主党的最后一个主要堡垒。控制住该州的政府将使保守派手里握有相当大的权力。此外，作为一名新上任的总理，巴本有必要展示他的威力，否则，他会像布吕宁那样成为一个替罪羊。

因此，巴本获得了总统的一项指令，允许他解除普鲁士现行政府，把该州置于帝国的直接管理之下。他寻找的借口是阿尔托纳暴力事件，那一事件表明，普鲁士的领导们已无力保证他们自己辖权范围内的法律和秩序。

7 月 20 日，总理开始了他的政变行动。他很明智地把时间选在普鲁士州长不在柏林的时候。当地政府只是作了一下很敷衍的抵抗，48 个小时过去后，巴本便控制了普鲁士州及其 8.5 万人的警察部队。抗议声最强的是一小股聚集在一起要支持柏林警察局长阿尔伯特·格勒辛斯基的警察。当把高级警官拘留起来时，那一小群人大声叫道："自由！"

巴本的政变刚一结束，接着就开始了国会大选。纳粹分子再次积极活动，利用人们失望之余的焦急心情。纳粹的宣传机器针对不同情况的人制定了不同的宣传内容。对那些在萧条时期破产、靠救济金过日子的人，纳粹党许诺将"重新估价银行储蓄，实施公正、全面的退休关怀"。对于那些因为布吕宁的紧缩政策工资已被削减的国家公务员，纳粹党誓言要"重新确立公务员应有的权利"，并且要把"所有犹太种的人"从政府的工资单上抹去。此外，纳粹党重新强调要团结那些传统上"左倾"的工人。海报上写着"工作和面包"，口头上讲着"工人阶级拥有财产"，这一切的确吸引了不少失业的工人。

这一次，纳粹的宣传活动有了效果。在1919年以来的第六个新国会里，纳粹党获得了总数608个席位中的230个。尽管还是未能达到多数，他们却比第二大党社会民主党多出了近100个席位。有1300多万的德国人投了纳粹党的票。很明显，纳粹党已成为几乎每个阶层失望和惊恐的人们的庇护所。这些人现在是以鄙视的目光看待他们那个破败不堪的共和国。相形之下，当他们欢呼希特勒时，眼中放出了光芒。纳粹党在国会选举中取得成功后，保守派分子比以往任何时候都更需要希特勒了。德国的立法机制已基本上不再发挥职能。1930年，国会通过了98项法案，而1931年只有34项。同时，兴登堡还

弗朗兹·冯·巴本被认为是一名很好的马术运动员，而不是政治家。1932年5月，当让他当总理时，他感到有点吃惊。他说："我非常怀疑，我是否是合适的人选。"

绕过国会，仅仅依靠他签名就颁布了所谓的应急状态令。尽管宪法允许这一程序，但兴登堡是在以前所未有的速度印制法令——每月5个。政府在国防军刺刀的撑腰下统治着国家，而几乎没有大众的支持。局势变幻莫测，有可能导致暴乱——尤其是在这样一个时刻，3个选民中就有一个选民愿意接受纳粹的教义。所以，政府急着要再次与希特勒达成妥协，这就不足为奇了。

8月初，施莱舍尔会见了希特勒，他仍然相信他能够把这位纳粹领袖朝着有利于自己的方向操纵。这次，希特勒要求把总理职位让给他本人，并要保证内阁里有4位纳粹党的成员。他还要求建立一个新的政府机

1932年7月31日，在参加完国会选举的投票后，巴本总理离开一处投票站。在入口处，一些工作人员身上挂着标明该党投票箱号码的牌子。

构——大众教育宣传部。另外，他想把他自己的人安排在普鲁士州政府的最高位置上。施莱舍尔没有让步。尽管没有达成任何协议，希特勒还是精神高昂地离开会场。临走之前，他建议应该在他们会见的房子上挂一块匾，以纪念这一事件。

希特勒回到他在贝希特斯加登附近的休养所，静等政府的回音。施莱舍尔动身前往诺伊代克，与兴登堡讨论这位纳粹领袖的条件。大街上日益频繁的破坏活动和政治谋杀促使兴登堡又签署了一份法令，授权对政治谋杀犯实行死刑。好像接到了信号似的，5 位"冲锋队"队员于 8 月 10 日在波腾帕的上西莱西安村闯入一位共产党矿工的家中，当着他母亲的面拳打脚踢，把可怜无助的他活活打死。那天，在巴伐利亚，戈培尔在等希特勒的时候，看到了一场流星雨。他写道："在上萨尔茨山的上空，美丽的夜色在降临。空中掉下的流星就像金色的雨。"

几天后，希特勒回到柏林与施莱舍尔和巴本会谈。在前往首都的路途上，希特勒充满自信。在餐厅吃一块蛋糕的时候，他向随行人员描述了他掌权后如何干掉马克思主义者的计划。在威勒姆大街会谈过程中，希特勒被告知兴登堡此时挺赏识"小弗朗兹"，因此最多让他当个副总理。再次受挫的希特勒对那两位怒吼道：他将放手不管"冲锋队"，那么成千上万的人将死去。施莱舍尔后来评论道，那位纳粹领袖好像已经发疯了。但戈培尔知道，元首的愤怒只是想表明他的态度——"强硬、坚定"。

下午，希特勒被召见与兴登堡会谈。元首去了，希望总统已经重新考虑过了。但是，那位倔强的老元帅根本不打算跟这位前下士妥协。兴登堡冷静地、很有礼貌地解释说，他欢迎纳粹党的参与，但不愿意把全部权力奉送给某一个党。他提醒希特勒，国家社会党在不久前刚答应过要支持巴本政府。他还说，一个包括纳粹党在内的联合政府是可以接受的，但是他"不能承担把权力只给希特勒一个人的责任"。

在一天之中两次尝到失败滋味的希特勒回到戈培尔的公寓，结果发现还有几滴酸楚的泪珠等着他去吞咽。那天下午的各种报纸已经登满了政府的会谈结果，全是"希特勒遭到帝国总统责骂"的标题。新闻界道出了纳粹党的失败。

或许因为长期受挫，希特勒现在犯了一个将以他的声望为代价的战术性错误。8月22日，残忍杀害那个共产党矿工的几个褐衫党徒被处以死刑。希特勒要同凶杀犯们共命运。他发电文说，"无限的忠诚把我和你们联系在一起。与一个竟然做出这种判决的政府进行斗争，是我们的职责"。

8月底，希特勒在上萨尔茨山他的乡村别墅招待几位客人时，试图说明他在这一事件上的态度。其中一位客人是纳粹分子赫尔曼·罗施宁，但泽市（国际联盟控制下的一个德国城市）参议院的议员。罗施宁对元首的生活环境感到惊讶。鸟笼中有鸣禽，家中有伺候的老女仆，整个一个小资产阶级的生活氛围。罗施宁觉得这有点可笑：尽管希特勒要拉拢店主和艺人，但他私下里是反感中产阶级的生活价值的。

在萨尔茨堡的阿尔卑斯山区，希特勒一会儿沉默不语，一会儿暴跳如雷。他激动地说，必须"明确地、有意识地"实施残暴行为，就像他的"冲锋队"队员把那位矿工活活打死一样。他说，只有通过采取这种极端行动，"我们才能克服掉我们民族的软弱心肠和平庸多情"。

"我们没有时间考虑美好心情，"元首继续说道，"我们的民族要想完成自己的历史使命，首先必须变得强大。"而所谓德国的历史使命必然要经过战争。希特勒预言，这样的战争将几乎不用流血。"在未来，靠宣传就可瓦解前线的进攻。"他将以这种方式首先征服敌军的心理，这样就不用军队去动枪动炮了。"如何在开战之前先击溃敌军的心理防线，这是我感兴趣的问题。"当然，希特勒也考虑过失败的可能性。有一次，他问罗施宁有关在但泽市的庇护权问题（但泽实行的不是德国法律）。他认为如果他有必要转入地下斗争的话，他就可能逃亡到那儿。

由于新一届国会里钻进了230名纳粹代表，巴本在柏林也在做最坏的准备。8月底，他前往兴登堡在诺伊代克的乡下别墅，他发现总统正在阳台上晒太阳。巴本

在纳粹党控制的
国会上的一个戏剧性
时刻：巴本总理（左
边中间站立者）向国
会议长赫尔曼·戈林

从兴登堡那儿获得一项法令，任何时候只要大多数威胁
要投票推翻现政府，他就有权解散立法机构。

　　当新的国会开会时，巴本已事先做好了准备。开会
第一天，有代表提出要立法机构考虑一项罢免巴本及其

各部部长的动议。已被选为议长的戈林要求投票表决。打算抢先一步制止这项动议的巴本立即站起身来表示抗议。然而，戈林露出得意的一笑，转过身去继续投票。巴本愤怒地走上讲坛，在戈林面前挥舞着解散法令，然后在各位部长的陪同下走出了会场。面对内阁成员们刚刚坐过的椅子，有 10 位代表对政府投了不信任票。然而，一根细线把德国拴在了宪法上：由于巴本的解散法令，国会的投票被认定是非法的。德国将面临又一次选举——在不到一年的时间里第四次选举。

纳粹分子不欢迎这次新的选举。他们在 7 月份已经进行过一次齐心协力的选举运动，并且赢了。在那之后的一系列事件——对"冲锋队"谋杀犯的审判，希特勒对他们的暴行的露骨支持，以及他与兴登堡会谈的尴尬结果——吓跑了选民们。更麻烦的是，纳粹党的金库里现金出现紧缺。戈培尔 9 月中旬曾写道："金库已空了。"

纳粹分子利用所剩的那点资源发起了又一次宣传攻势，他们发表演讲、刊登文章、散发传单、张贴海报。元首再次飞上天空，进行他现在已很熟悉的飞越德国之行。纳粹分子攻击政府是"贵族集团""腐败的容克地主政权"。同时，他们的宣传重点指向工人阶级，提出要用一个所谓的具有社会主义性质的政权来替代现有的政权，一幅纳粹标语甚至说，"诚实地生活、诚实地工作"。在选举前的几天，希特勒允许纳粹分子加入到他们的宿敌——工人阶级中去，支持柏林正在罢工的运输

（右上）示意，但戈林无视他的请求，继续进行对巴本政府的不信任投票。

167

工人。由此引起的停产停工提高了纳粹党的威慑力——
这可吓坏了保守派分子。

尽管努力不少，纳粹分子的运气在 11 月 6 日那天
出现了倒转。他们失去了国会中的 34 个席位，而各对
立党，尤其是保守派势力，赢得了上风。损失并非偶然，
在一周之后的地方选举中，希特勒的支持率也急剧下降。
由于试图吸引工人阶级，纳粹党把他们的许多保守派支
持者孤立出去了。尽管表面上轰轰烈烈，实际上纳粹党
在这次选举活动中既缺资金，又缺活力。而到了这个时
候，德国人民也已精疲力竭，不再被 8 个月前那激情的
言辞打动了。

随着 1932 年岁末的来临，权力斗争又在新的阴谋
中继续进行。国防部长施莱舍尔决定罢免巴本总理。巴
本不像施莱舍尔所希望的那样容易控制。事实上，他表
现出想当一个真正的独裁者，而只要他还待在总理位置
上，政府就几乎没有希望与纳粹分子谈条件。施莱舍尔
去见兴登堡，在他耳边悄声说道：巴本的独裁倾向已招
致纳粹党的激烈反应——他们的反叛甚至连军队也将无
法平息。兴登堡听进了他的国防部长的话，12 月 1 日，
巴本就很不愉快地辞了职。诡计多端的施莱舍尔被任命
为新的总理。

作为他最新阴谋的一部分，施莱舍尔企图分化纳粹
党，他一方面拉拢希特勒在意识形态上的主要对手格雷
戈尔·斯特拉塞，另一方面又提出愿意与纳粹党分享权

力。斯特拉塞好像愿意同新总理合作，而当希特勒听到这一谈判时，他马上大发雷霆。12月5日，他在凯泽霍夫饭店的套房里与斯特拉塞争吵得很激烈。希特勒很固执：只有他才有权力掌权，只有他才能与政府谈判。两天之后，在凯泽霍夫饭店又一次激烈争吵的过程中，希特勒指责斯特拉塞叛变。这次争吵后，斯特拉塞回到自己的房间，起草了一封辞职信。他悲伤地谈到了他的一片忠心和他长期以来的梦想——与一批目光远大的人联合起来治理德国，但现在，他的梦想破灭了。

尽管斯特拉塞在辞职信的签名处写的是"您的永远忠诚的"，他却没有提到他对那支受他支配的庞大的党员队伍有些什么计划。希特勒绝望了，半信半疑地以为斯特拉塞会把他的那伙支持者拉走，从而毁了整个党。他在套房里焦虑不安，连续几个小时地踱来踱去，有一次突然停步，威胁说要自杀，"如果党分裂的话"。但是，斯特拉塞仍然是忠心的。他悄然离开，带着家人到奥地利度假去了。然而，纳粹党无论如何已失去了它的冲力。戈培尔在12月中旬写道，"我们早该夺权了，尽管目前没有一丝机会"。在圣诞节前两天，他思考了一下未来，他说他看到的只是黑暗和迷惘——"所有的机会都快消失殆尽了"。

希特勒也很阴郁。他在给一位老朋友的信中写道："我已经放弃了一切希望。我的所有梦想都不会再来了。"元首再次提到自杀："只要我一确信一切都完了的时候，

你知道我会做什么。我不能接受失败。我会说话算数，用一颗子弹结束我的生命。"

然而，就像过去所发生的一样，局势现在又给了希特勒一丝生机。巴本开始图谋推翻他的劲敌施莱舍尔了。1933 年 1 月 4 日，巴本前往科隆与希特勒进行了一次绝密会谈，他提议他们俩组建一支由民族党和国家社会党构成的联合势力，并且进行联合领导。像施莱舍尔和希特勒在上一年夏天谈判一样，他俩那天也未能达成任何协议，但他俩是很友好地分手的。巴本相信，他的那位纳粹共谋者已变得更灵活一些了。

1932 年末，纳粹党和共产党的旗帜在柏林的一个工人住宅区里并排飘扬，这是两党为了支持一次集体抗租罢工而进行的一次难得的合作。远处的墙壁上写着："先食物，后房租。"

不管这次会谈还有些其他什么情况，对希特勒和纳粹党来说，这是一次新的力量源泉，它驱散了 12 月份笼罩在纳粹分子头上的消沉情绪。希特勒恢复精神后，立刻投身于利珀的选举运动中（利珀是一个人口只有 10 万的小州）。他决心要赢得一次胜利，让人们注意到纳粹的力量。仅仅在几天时间里，希特勒在 16 次集会上讲了话，戈培尔及其他纳粹党要员也不知疲倦地在活动。他们的努力获得了成功：纳粹党获得了 39.5% 的选票，这是他们自 7 月份以来的首次大捷。纳粹报刊宣称这是一次压倒多数的胜利，并预言权力将转交给他们的元首。

巴本竭尽全力使这一预言成为现实。非常渴望与希特勒组成联盟的他现在很乐意帮助这位纳粹领袖成为总理。但这中间有一个巨大的障碍——总统。兴登堡对纳粹分子的不信任、对一党专政的顽固抵制以及对希特勒本人的厌恶，都使他不可能支持希特勒。

在这个时刻，另一位阴谋者插足了。他就是富商、纳粹党党员乔基姆·冯·里宾特洛甫，正是他安排了巴本与希特勒的秘密会谈。里宾特洛甫建议把奥斯卡·冯·兴登堡也拖入这一阴谋之中，这样，通过儿子也许就能把父亲争取过来。接近小兴登堡只能秘密进行，里宾特洛甫主动提议把自己在柏林郊

1933 年 1 月 30 日，25000 人组成的游行队伍欢庆希特勒荣升总理。勃兰登堡门一片灯火辉煌。戈培尔把这描述为"伟大奇迹之夜"。

区的家作为见面地点。

1月22日晚上的安全防范工作是经过精心准备的。奥斯卡·冯·兴登堡和国务秘书奥托·迈斯纳首先在柏林歌剧院观看瓦格纳 Das Liebesverbot 一剧的演出。中场休息时，小兴登堡在他妻子的陪伴下频频露面，与很多熟人打招呼。但是，当剧场灯光暗淡下来演最后一幕时，迈斯纳和兴登堡溜了出去，叫了一辆出租车。为了不暴露目的地，他俩在到达里宾特洛甫的家之前就下了车，徒步走过最后一段积雪很深的路。

参与这一阴谋的巴本、希特勒及其他几位都在等着。大家在客厅里拘谨地交谈着，然后，小兴登堡和希特勒走进隔壁的一间屋子，关起门来谈了一个多小时。没有人作记录，只有他们俩在场。希特勒无法说服老兴登堡，却能动摇小兴登堡的心。那天晚上晚些时候，奥斯卡·冯·兴登堡向迈斯纳吐露，他觉得希特勒进入政府将是不可避免的。

一场更为激烈的斗智斗勇开始了。会议一场接着一场，脚下的路变得更变幻莫测了。施莱舍尔的总理位置受到威胁，但他已无力自保了：他过去的纵容和搞两面派的奸诈伎俩已让国会中的每一个党派都离他而去，以至最终兴登堡总统也不理睬他了。施莱舍尔下台的日子快要到了。然而，兴登堡也许老糊涂了，他对那些前去拜访他的人说，他将任命巴本——而不是希特勒——接任那一职位。而巴本在总统的耳朵边开始大声地、不断地提到希特勒的名字。军队中一些身居要职的军官也把砝码押在希特勒身上。兴登堡的邻居和亲密朋友、老保守分子埃拉德·冯·奥登堡－雅奴萧伯爵也对总统说，他认为任命希特勒当总理没有什么可怕的。他自信地说，不用费什么事就能控制住这些年轻人，毕竟，他们还是"挺招人喜欢的"。

1月28日，总统的儿子奥斯卡、奥托·迈斯纳和弗朗兹·冯·巴本——他们是总统最信任的几位政府要人，直言不讳地告诉他，最符合现实的行动就是把政府交给希特勒。事实上，希特勒就像龙卷风一样，已在他周围创建了一个只有他自己才能填充的政治真空。

当天，施莱舍尔被解职。30日，兴登堡任命希特勒——这个他一直认定不可能领导国家的小人物——担任帝国总理。希特勒宣誓遵守宪法，捍卫总统的权力。他说，首先最为重要的是，他要把支离破碎的国家重新组织起来。

全德国的人都注意到了这一事件。人们一整天欢呼着元首——比起1931年10月希特勒第一次驱车去见兴登堡总统时，这次的人数要多得多，也要狂热得多。当天晚上，"冲锋队"举着火把在大街上游行。科隆广播电台播放了由纳粹宣传家们写的一则短文："消息就像熊熊火焰传遍了全国，阿道夫·希特勒成了帝国总理！千百万颗心在燃烧，欢乐和感激之情喷薄而出。"

在利珀的首府代特莫尔德——纳粹分子两周前曾取

得决定性胜利的地方，一位医生当天晚上是在本地的医院里度过的，他要照顾那些被狂欢庆贺的褐衫党徒们打伤的共产党人、社会主义者和犹太店主。在杜塞尔多夫——希特勒曾给"工业俱乐部"演讲的地方，一位相信共产党的雕塑家在自家的窗口挂了一面红旗，马上有人给他送了一封威胁警告的信，说如果他珍惜自己生命的话，最好当夜逃往荷兰。

在柏林，随着夜色渐深，成群结队的人游行经过帝国总理府那些狭长窗户下的威勒姆大街。希特勒挥舞手势的身影一次又一次地出现在窗口边。在这幢临街大楼的那头，兴登堡总统凝视着窗外的游行队伍，心不在焉地合着行进的音乐声拍打着手仗。大街上的人们给这位老军人致以礼貌的敬意，而对那位新领袖则是欢呼雀跃。

尽管希特勒许诺过多次大话，但他对政府并没有提供任何新的政策，也没有实施过任何新的计划。巴本作为这次推举希特勒上台的阴谋的主角，道出了许多人的想法：希特勒可以被控制住。巴本对一位朋友说："两个月后，我们将让他退缩到一个角落里，他会难受得吱吱叫的。"

民族

自豪感的觉醒

　　1933 年，德国各地举行了多次庆祝活动，欢呼国家社会党上台执政。而与此同时，一本发行达 50 万册、附有大量图片的书——《德国觉醒了》——使更多的人对该党有了更深入的了解。这本副标题叫作"德国国家社会主义工人党的起源、奋斗和成功"的书赞扬了"这样一群人的英雄主义和大无畏精神，他们在一个充满敌人的世界里以毫不动摇的信心斗争着"。《德国觉醒了》这本书是纳粹分子与一位香烟制造商合作出版的，它的资金来源得益于市场营销和宣传的精明结合。在书页中黑白图片的旁边留有空白处，然后一些色彩明亮的上面有希特勒、纳粹集会或纳粹其他活动的照片作为附赠礼品被塞进香烟盒里。购买者可以把这些所谓的香烟卡片取出来，贴在书中事先预留的空白处。

　　用心的收集者以这种方式可以收集到一系列这样的爱国主义图书。每一册书都记载了国家社会党的发迹史，它是在一个摄影艺术作为一种接近并影响人民大众的重要工具刚刚出现的时代上台的。在这样一个时代，很少有其他事件比巴伐利亚古城和其他地方的盛会场面（见后面各页）更适合照相机的镜头了。《德国觉醒了》颂扬的正是这些盛会场面。

該镜头展现的是 1933 年 7 月希特勒在多特蒙德市的一次"冲锋队"集会上正准备讲话。《德国觉醒了》一书把"褐衫党"分子颂扬为"代表希特勒意志、身经百战、久经考验的斗士"。

"冲锋队"的自行车队队员在多特蒙德集会上接受希特勒及其随从官员的检阅。

在 1933 年的斯图加特体操艺术节上，面带微笑的约瑟夫·戈培尔（右）与其他纳粹要员一同检阅参赛的运动员。

　　"冲锋队"队员们在纽伦堡的党代会大厅里站着听鲁道夫·赫斯宣布1933年党代会开幕："我们向元首致意,并通过他向我们民族的未来致意!"

　　10多万"冲锋队"队员和"党卫队"分子在纽伦堡附近集会。《德国觉醒了》一书称这一活动为"德国国家社会党永恒的象征"。

在1933年纽伦堡集会上，举着旗帜的"冲锋队"指挥官们走下路特坡德露天剧场的台阶。

戴着头盔的"党卫队"掌旗兵排着队走在纽伦堡郊外的巨大草坪"泽帕林训练场"上。这儿经常举行大型集会。

纽伦堡旧城区的历史可追溯到14世纪。"冲锋队"队员们排着方队游行经过这里的街道时，向他们的元首行纳粹礼。

观众们争相涌到在纽伦堡大市场前面搭建的一个巨型看台上。这个大市场被重新命名为"阿道夫·希特勒广场"。

在 1933 年集会的最后几个小时里，"希特勒青年队"受到它的指挥官巴杜尔·冯·施拉克的检阅。施拉克站在元首的黑色"奔驰"轿车上行举手礼。

4. "现在我们要让他们瞧瞧！"

阿道夫·希特勒就任总理后两天，兴登堡总统收到一位老战友的电文。电文是艾里希·鲁登道夫将军发来的，他不仅是一次大战时期兴登堡的主要助手，而且还跟随希特勒参加过1923年的"啤酒馆暴动"。鲁登道夫没有祝贺总统选定了新总理，相反，他对未来表达了深深的忧虑。

鲁登道夫写道："您任命希特勒当帝国的总理，等于是把我们神圣的德意志祖国交给了有史以来最大的一个煽动家。我向您预示，这个邪恶的家伙会把我们的帝国拖入深渊，会给我们的民族带来不可估量的恐惧。子孙后代会在您的坟墓前咒骂您的。"兴登堡不在意这份电文，他认为那是一个心理不稳定的人的夸夸其谈。作为德国最有威望的军人之一，鲁登道夫很悲伤地被冷落在一旁。

无论如何，兴登堡很自信，他及他那些保守派同党会牢牢控制住希特勒的。希特勒不得不一起共事的新内阁只包括两名纳粹分子——内务部长威勒姆·弗里克和国会议长赫尔曼·戈林。另外8名成员（由于任命了一位司法部长很快将变成9名）要么是民族主义党党员，要么是不属于任何党的保守派分子。兴登堡主要是在他

1934年2月，希特勒总理在柏林国家歌剧院欢迎兴登堡总统参加纪念德国战争死难者的仪式。

的那位贵族朋友、前总理巴本的建议下挑选那些人的，他希望巴本对希特勒默默地施加影响。巴本留在内阁里当副总理，他手里还握有其他一些重要的牌。作为普鲁士的帝国行政长官，他控制着德国这个最大的、最具有影响力的州的行政机器。此外，兴登堡还答应每次与希特勒见面时，巴本都必须在场。巴本坚持认为这样做才保险，因为他担心，如果是一对一地单独与那位纳粹领袖面谈，不时因年老而易犯糊涂的总统可能会被说服同意某件巴本并不同意的事。巴本认为，如果他在场，他可以与希特勒论争。

狡猾的希特勒明白巴本的意图，所以他做好了准备。他曾对一位纳粹同党说，"反动派以为他们已经把我控制住。他们打算给我设置圈套，设置很多圈套。但我们不会等到他们行动的时候。我们是残酷无情的。我没有资产阶级的种种顾虑！他们认为我没有教养，是个野蛮人。是的，我们是野蛮人！我们想当野蛮人。那是一个光荣的头衔"。

刚上任两天，希特勒就已经智胜了巴本及其内阁同伙，他朝着独裁统治和实现鲁登道夫的预言的方向迈出了巨大的一步。只消几个月时间，希特勒运用他那套欺诈、恫吓和恐怖的手段——再加上他的纯粹好运，将砸掉旧政权，使他这样一个昔日的奥地利流浪儿绝对主宰他所攫取的帝国。

希特勒开局第一着棋是要诱使政府举行新的选举。

他立即看出，举行这样的选举，除了会给他罩上一圈民主合法的光环之外，还可以使他摆脱联合政府中保守派势力和德国宪法对他的约束。既然现在国家社会党可以调遣政府资源，希特勒确信他能在国会里赢得足够的席位，以使联合政府没有存在的必要。如果纳粹分子能在国会中占 2/3 多数，他就可以迫使这个立法机构中止宪法，并允许他实行实际上的独裁统治。

在立法机构中，纳粹党和民族主义党组成的联合政府还差 45 个席位才能达到所需要的多数。希特勒做出虚假的姿态想通过与天主教中心党的领袖谈判获得该党 70 位代表的支持。然而，这些谈判只不过是虚晃一枪。希特勒深信谈判是不会成功的。1933 年 1 月 31 日，他就任总理后的第一天，他告诉内阁，没有希望获得天主教中心党的支持。由于达不到多数，巴本以及他在内阁中的民族主义党盟友胡根堡毫无选择，只有要求兴登堡总统解散国会，宣布新的选举。选举日定在 5 月 5 日。

纳粹党的宣传部长约瑟夫·戈培尔同他的元首坐在一起，规划纳粹党有史以来规模最大的一次选举活动。"现在的斗争轻松多了，因为我们能够动用国家的一切力量，"戈培尔在他的日记里得意地写道，"电台和报刊受我们的支配。我们的宣传将是一次杰作。"

希特勒利用他新任总理的优势，于 2 月 1 日对全国作了一次广播讲话。他担任总理后的第一次讲话表现出一位政治家的自我约束力。他把纳粹主义描绘成一支团结向上的、与魏玛共和国邪恶势力做斗争的新生力量，并承诺新的政府将"重振德国民族中的团结合作精神"。他还许诺将基督教定为"我们民族道德精神的基石"，并祈求上帝保佑他的政府工作。

除了这些虔诚的言辞，希特勒没有提供什么具体的方案。在随后的几周里，他乘坐飞机穿梭在德国各地，还是重复那些基本论调。他要传达的真正意图其实很简单，正如他有一次对内阁成员们所说的，那就是"向马克思主义进攻"。戈培尔曾说，纳粹运动与宗教热诚是相互呼应的。在一些城镇，每当举行纳粹集会时，教堂首先都要钟声齐鸣。希特勒每次演讲结束时都要虔诚地祈祷一番。

除了利用政府的资源外，纳粹党还瞄准了大公司的资产。2 月 20 日，戈培尔邀请 20 多位德国最有实力的实业家去他位于国会大厦旁边的官邸。客人们听到希特勒信誓旦旦地说这次将是最后一次选举，然后又听到他继续说，"如果这次选举不能做出决定的话，采取其他手段也必须做出决定"。当要求募捐时，这些商界巨头们同意拿出相当于 100 万美元的钱来支持选举运动。大多数人同意给钱是出于自身利益的考虑，而不是出于对纳粹分子的真正同情。但这个晚上产生了一位赫赫有名的皈依者。以前对希特勒很少表示热情的古斯塔夫·克虏伯，这次的捐款占了总数的 1/3。最终，他是动用了整个克虏伯钢铁和军火帝国来支持希特勒的新政权的。

希特勒还充分利用政府的立法权力来进一步推动这次选举运动。他上任刚几天，就迫使内阁通过了所谓的"保护德国人民法令"。这一行政命令远非为了保护人民，实际上还剥夺了人民两项基本的自由权——集会和言论自由的权力。它授权内务部长和警察有权禁止任何被视为危害公共安全的会议，有权压制任何"内容被认为危害公共安全或良好秩序的"报纸、杂志或书籍。

尽管这一措施与宪法的精神相抵触，并且很明显是为了削弱对立的政党而耍的一个花招，但从技术角度来看，它是合法的。总统可以根据宪法第48条所赋予的应急状态权力使这些行政命令具有法律效力。巴本及其右翼同伙很乐意向兴登堡施加压力，让他签署这一命令，因为他们认为该命令只是针对左派。尽管各反对政党抗议，兴登堡还是毫不犹豫地同意了这一行政命令以及随后而来的另一条有关解散普鲁士州立法机构的命令。

戈林在普鲁士州担任内政部长一职或许是纳粹党此刻最乐意、最有效的政府工具。他在日常工作中根本无须顾及他的名义上的上司巴本，而可以完全控制普鲁士的9万名警察，也就是说，可以控制首都柏林和

为了使更多的听众能听到希特勒的全国讲话，专门在市场上销售了一些简易的无线电接收机，如这张海报中的这种收音机只需花76帝国马克（大约是1933年一台普通收音机价格的1/4）。海报上写着"全德国都在用人民的收音机收听元首讲话"。

全德国 6000 万人口中的 2/3。戈林很快在普鲁士为选举运动采取了严密措施。他禁止共产党举行集会和示威游行，压制反对派报刊的出版。同时，他开始"清洗肮脏的牛棚"（戈培尔语），毫不留情地清除掉几百名警官，然后让纳粹分子取而代之。

至于普鲁士警察自身应该如何作为，戈林容不得任

被纳粹党接管过去的柏林警察与他们的新执法伙伴"党卫队"分子一同游行。右图，两名"党卫队"分子戴着白色袖套，用以表明他们作为辅助警察的身份。

何怀疑。他命令他们与"冲锋队"和"钢盔党"保持最佳关系，要毫不留情地镇压任何颠覆组织的活动——即任何胆敢与纳粹作对的人。他鼓励他的手下使用枪支武器。他说，如果不开枪，将受到惩罚。戈林生怕他的警察人员没有领会他的意思或过于拘谨，几天后他干脆对他们直接说明："我必须让你们的头脑明白，责任是我一个人的。你们开枪，也就是我在开枪。如果有人躺在那儿死了，那是我开的枪，尽管我坐在内政部大楼里面。"

2 月 22 日，戈林在新组建的 5 万人辅助警察代表大会上说，现有的执法人数还不足以维持秩序，他这种说法进一步模糊了执行法律和制造恐怖之间的界线。大多数新警察来自"冲锋队"和"党卫队"。这些纳粹暴徒们在他们褐色或黑色衬衫的手臂上戴上一块白布条，就可以对政治上的反对者和个人的私敌为非歹了，且不用担心官方的惩罚。

纳粹分子正式或非正式的暴力活动结果造成普鲁士在选举活动期间就有 51 名纳粹党的反对者遭到杀害。其他各州也没有逃脱流血的冲突。符腾堡的一位著名政治家向兴登堡总统抗议道，"冲锋队"在他们那个地方对党派集会的袭击快要把选举活动变成"公开的内战"了。希特勒的合法革命战略要求使用更温和的手段，而不是公开的战争。纳粹分子想挑唆激进分子也采用暴力行动，这样政府就可以披着合法性的外衣对他们进行打击镇压。"目前，我们须避免直接的行动，"戈培尔在日记中写道，"首先，激进者想要发动一场革命的企图肯定是要爆发的。在特定的时刻，我们会出击的。"

然而问题是，选举活动已进行了3周，共产党在上一次选举中发挥出他们有史以来最好的水平，获得了将近600万张选票，而这次他们简直不见了踪影。他们保持低调，是因为他们错误地认为，希特勒只不过是反动派的傀儡，其政策不可避免地会使资本主义制度垮台。接着，在选举之前不到一周的时间，发生了一件在戈培尔看来好像要爆发革命的事件。

事件的始作俑者是一个24岁、名叫马里努斯·凡·代·卢布的荷兰流浪者。卢布眼睛半瞎，看上去精神有些不正常，穿着破旧，头戴一顶鸭舌帽，身穿一条过短的裤子，自认为是一个政治家的形象。他的父亲是一个抛妻弃子的街头小贩，母亲在他12岁那年就死了。他曾当过制砖学徒，由于长期同苛性石灰打交道，双眼受到损害。他原本是一名加尔文教徒，后来转信共产主义。他写小册子攻击资本主义，在大会上演讲，并领导游行示威。但他天性是一个爱闹独立的人。1931年，他与他那些正统的革命同志分裂，加入荷兰的一个无政府主义党派，名叫"国际共产主义党"。该党是反对莫斯科的。

受到邻国德国的选举活动的吸引，卢布于1933年

马里努斯·凡·代·卢布手里拿着他用来点燃国会大厦的引火材料（画面背景就是正在燃烧的国会大厦）。卢布"气喘吁吁，好像刚完成一项艰巨的任务"，一名参与抓捕他的警察报告说，"他那张苍白、憔悴、年轻的脸上有一双燃烧着火焰的眼睛，眼睛里闪动着胜利的光芒"。

2月离开他的家乡莱登,前往德国。尽管双眼严重有疾,
他差不多是步行走完那400英里的路程来到柏林的。
在柏林,他发现左翼分子都很漠然,于是,他认定,
只有极端行为才能唤起他们起义。2月25日,他买来
几包引火材料(一种用来点燃煤火的,由锯木屑和石
脑油混合而成的东西),准备点燃革命之火。他当天就
在三处公共大楼里点燃了火:郊区的福利办公大楼、
舍嫩贝格的市政厅以及旧的皇宫。这三处的火很快都

被发现，并被扑灭。

第二天，卢布走到柏林城外的一个小镇，按照法律要求，在警察局登记自己是一名外国人。警察很同情这个荷兰流浪者，允许他当晚在一个小地窖里过夜。2月27日早晨，卢布决定袭击一处更有名的大楼，一个能代表德国政治制度的地方。他走在寒风里，直奔柏林市中心，确定了他的下一个政治纵火目标：装饰得金碧辉煌、带有玻璃圆顶的国会大厦。

那天下午，卢布仔细研究了国会大厦，然后在晚上9点左右回来时，口袋里装了一些新的引火材料。他走到没有开灯、无人照看的大厦西侧，然后顺着墙壁爬上了一楼的阳台，阳台背后就是国会大厦的餐厅。他踢开厚厚的窗户，跳了进去，然后开始行动。

这个擅自闯入的人在大楼里从一个房间跑向另一个房间，到处放上一把小火。在用完了他的4包引火材料后，他抓到什么就用什么做成临时性的火把：桌布、毛巾，甚至他身上穿的衬衣、背心和外衣（因为炙热，他把它们都脱下了）。到了空旷的、国会代表们开会的议政大厅时，他扯下一些已有霉味的厚帘布用来点火。他拖着正在燃烧的帘布，给其他房间也点上了火。火苗很快窜到了墙壁上那些一触即燃的干木板上。

突然，卢布听到了有人赶来的声音。他冲过一条通道，跑进大楼后面的一间大屋子——"俾斯麦厅"，但他发现出去的门被锁上了。他又折身跑回来，这下跑进了大楼管理员和一名警官的怀里。这时是 9 点 27 分，一声爆炸掀翻了议政大厅上方拱起的玻璃圆顶。

这位荷兰人投降了，一下都不挣扎。他的腰部以上裸露着，蓬乱的头发贴在被汗水打湿的脸上。他被押送到一幢大楼的门口。一位警察看到他在寒风中瑟瑟发抖，便扔了一块小毛毯在他光溜溜的背上。在救火队员冲进去灭火时，卢布被带到附近的勃兰登堡门警察局。在那儿，他说着带有浓厚口音但却很流利的德语，欣然交代是他放的火，并说是他一个人干的。

那天晚上 10 点钟吃过饭后，希特勒正在戈培尔的公寓里休息，这时电话铃响了。打电话的人是在哈佛受过教育的纳粹党对外新闻部部长、平常以爱开玩笑而闻名的恩斯特·汉弗斯坦格尔。当被告知这一消息时，戈培尔刚开始还以为汉弗斯坦格尔又在搞恶作剧，因此没有告诉希特勒。但是，戈培尔很快就证实了这一报告，他和元首马上乘坐专给总理配的大奔驰车赶往现场。

在国会大厦，60 辆消防车正在奋力灭火。戈培尔和希特勒赶到时，戈林前来迎接。戈林是在听到消息后从普鲁士的内政部直接赶来的，他希望能救出挂在国会大厦他的办公室里的那些家庭壁画。戈林得知卢布已被捕，并听说有两个共产党国会代表在起火前 20 分钟左右刚离开大厦，他马上得出结论似地对身边一位下属说："这是共产党起义的开始!"他要元首放心，他已调动警察，在柏林的每一处公共大楼附近都布置了岗哨。

　　希特勒要让自己相信，他一直梦想的那个时刻现在终于来了：德国共产党已经开始行动，那么现在他能够挽救德国了。他激动不已地巡视着还在燃烧的国会大厦，并会见了巴本（巴本一直在附近的"绅士俱乐部"参加兴登堡总统的一个宴会）。他有力地握着巴本的手，大声说道，"副总理先生，这是上帝送来的一个信号"。

　　几分钟后，希特勒站在一处能俯瞰议政大厅的阳台上，他看到巨大的热能把铁柱子都扭弯了。他倚身靠在石砌的矮墙上，凝视着下面快要燃尽的火焰，思考着这火焰好像是从上天送来的。突然，他的脸因热温和激情涨得通红，他转身对周围的人大声说道："现在我们要让他们瞧瞧！任何挡住我们道路的人都将被铲掉！德国人民软弱的时间太长了！每一个共产党人都必须枪毙！所有的共产党同情者都必须关起来！社会民主党分子也要遭到同样下场！"

　　希特勒和戈培尔为了封锁新闻，重新撰写了纳粹日报《人民观察家报》的头版头条，戈林也改写了官方新闻机构的第一份报告，这样使人们不再怀疑，这次纵火的本意就是"流血起义和内战的信号"。戈林马上发令，在普鲁士的所有共产党刊物停刊 4 个月，所有社会民主党的刊物停刊两周。戈林手里有一份 4000 名共产党政府公务员的名单，他当晚派遣警察和"冲锋队"出击。天亮之前，几百位名字在名单上的人——还有几十位纳粹分子纯粹不喜欢的人，在枪口威胁下被从床上拉起来，

196

在大火后的第二天早晨，警察和消防队官员察看
国会大厦的已烧成灰烬的议政厅。这个会议厅直到
1971 年才重新修复。

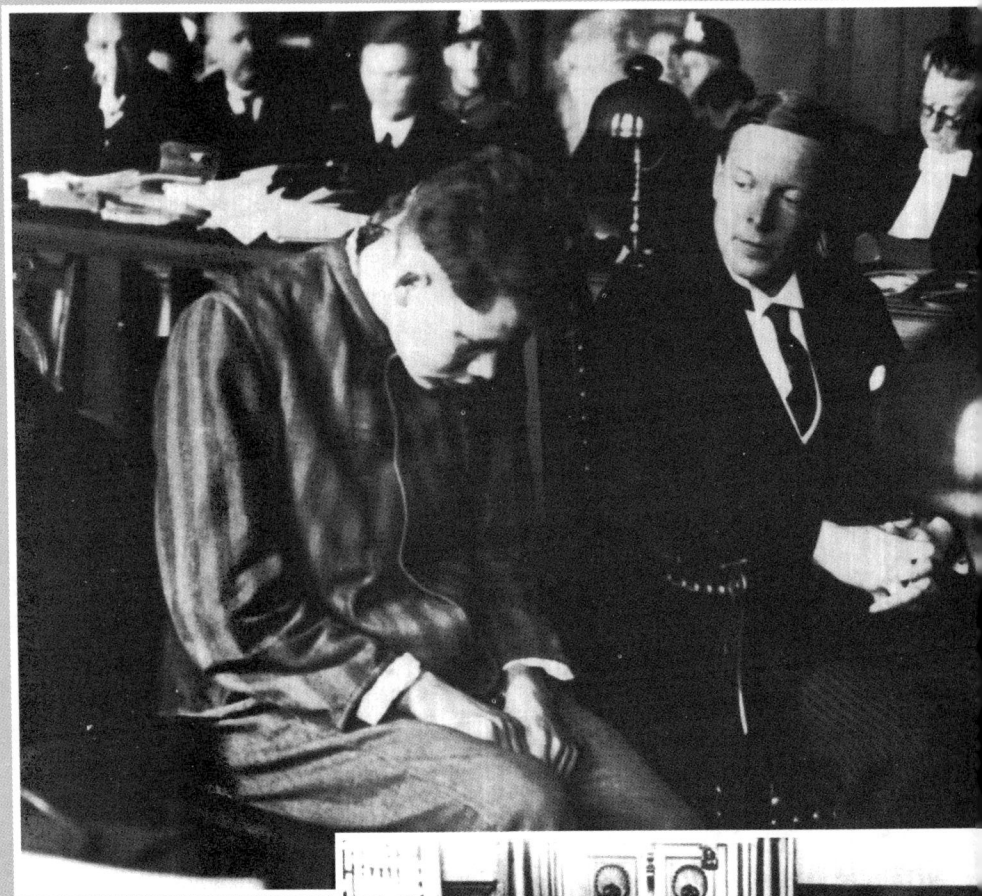

卢布——唯一被要求戴上镣铐、穿上囚服的被告——正受到法庭给他指定的翻译的质问。在审判期间，这位革命者的健康和精神状况都下降了。

赫尔曼·戈林与被告乔治·底米特洛夫（站立者，面朝戈林）针锋相对。由于法官指责他进行共产主义宣传，底米特洛夫反击戈林："但是他在进行国家社会主义宣传！"

被告们的家人在紧张地等待着判决结果。尽管被宣判无罪，托格勒坐牢的时间被增加了两年，那几名保加利亚人被逐回莫斯科。

大火后的审判

1933 年 9 月 21 日，对国会纵火一案的审判开始。那位被当场抓获的荷兰纵火犯卢布，其罪行是毫无疑问的。而让整个世界不解的问题是：他在为谁而干？

纳粹分子宣称，卢布与 4 名共产党人有联系：国会中的共产党领袖恩斯特·托格勒以及乔治·底米特洛夫、瓦西里·塔内夫和布拉戈伊·波波夫

这 3 名保加利亚人。而德国共产党反过来又指责纳粹分子策划了这次大火，并在世界范围发动宣传攻势。

纳粹分子并不了解的底米特洛夫是"共产国际"的一名高级官员，他用犀利、机智的言辞对起诉进行了有力的反驳。他充当自己的辩护律师，嘲讽那份长达 235 页的起诉书，说它之所以了不起，仅仅是因为它的长度。他把卢布描述成一位"痛苦的浮士德"，被一位身份不明的纳粹墨菲斯托菲

尔控制着。当起诉人不能找到一个明确的证人时，底米特洛夫不禁刻薄地问道："你们在集中营里找过了吗？"审判的高潮是底米特洛夫对国会主席赫尔曼·戈林的反复诘问，尖刻的诘问最终使得戈林大声咆哮："等着吧，我会让你没有权力走进这法庭！"

经过 57 天"最高级的戏剧表演"后，结果只有卢布被判有罪。他一直坚持是他一个人干的。1934 年 1 月 10 日，他被送上了断头台。

遭到毒打、枪杀、溺死或投进监狱。

　　大火后次日，即2月28日，希特勒开始设法使这次恐怖行动合法化。以铲除红色革命为借口，他提出一项应急状态令，中止了更多的基本自由权：警察有权监听私人电话，有权截获邮件和电报。个人获得法律顾问的权利被取消了，一个受到指控的人可以不经听证或审判就被投进监狱。该法令还授权联邦政府可以直接控制任何不能维持秩序的州，对犯有纵火罪、蓄意破坏罪和其他被认为是共产党阴谋策划的罪行的人，可以处以死刑。由于如此害怕红色革命的威胁，内阁很快就同意了中止自由

民权——只有关于接管州政府的那一条引起一阵辩论，而兴登堡总统也不再多加评论，当晚就签署了这一法令。现在，一切权力都控制在中央政府手里。

　　国会大厦纵火案背后所谓的共产党阴谋实际上并不存在。政府最终除了审判卢布，还审判了一个4人被告小组。其中一名是国会中的共产党领袖恩斯特·托格勒，

在国会纵火前3天，警察在德国共产党的总部搜查到标题为"阶级斗争"的宣传小册子。政府为这次搜查事件找的理由是：为了发现红色革命阴谋的证据——但一直未发现证据。

另外 3 名是被认定为莫斯科间谍的保加利亚人，但跟这次纵火毫无关系。让纳粹分子尴尬的是，法庭只宣布卢布有罪，他于 1934 年 1 月被执行枪决，临死前仍然声言是他一个人干的。

由于这场大火对希特勒来说像是一个来自上帝的礼物，有关这是一场阴谋的说法就深得人心了。根据这一说法，整个事情应该是纳粹分子干的，那位年轻的荷兰人只是被利用的工具。在国会大厦与附近戈林的官邸之间，有一条铺设了供热管道的地下通道。据认为，就在卢布刚刚赶到之前，一群"冲锋队"队员已经穿过地下通道，撒了一些引火的化学物质。然而，事实上，还从来没有找到任何令人信服的证据来证明这次纵火是别的什么人而不是卢布干的。

1933 年，在只剩下几天就是 3 月 5 日选举日的这一时刻，重要的不是纵火的缘由，而是德国人对此事的看法。纳粹党利用公众焦虑的心理，故意散布大量的言论，说赤色分子有很多绑架、焚烧、毒害和谋杀的计划。在纵火前 3 天对共产党在柏林的总部进行的一次突击搜查中，发现了详细记录这些可怕计划的资料。尽管没有任何一点证据被公布于众，许多德国人还是一字不漏地轻信了这一说法。

与此同时，由国会纵火案引来的应急状态令给希特勒提供了一种制造恐怖和恫吓的合法基石。现在，纳粹控制的政府可以自由地迫害对手，任意地镇压、搜查、没收、逮捕和拘留。仅在戈林管辖下的普鲁士州，估计有1万人在2月28日应急状态令通过后的两周里遭到逮捕。当监狱里人满为患时，纳粹的第一座集中营被授权诞生了。戈林不必再为他的残酷行径遮遮掩掩了。3月3日，他在法兰克福对一群听众恬不知耻地明言："我的工作不是实施正义，而是摧毁和灭绝。"

3月4日，星期六，选举的前夕，政治运动达到了疯狂的高潮。在戈培尔所称的"民族觉醒日"结束之际，希特勒在柯尼斯堡——以前皇帝加冕的地方，对全国作了一次广播讲话。当元首最后激励德国人民"再一次高傲地昂起你们的头"时，当地教堂的钟声齐鸣，帝国各处的高高山顶上都燃起篝火（戈培尔称这是"自由之火"），在每一个城镇的街道上，都可以听到"冲锋队"队员穿着军靴行进时发出的连续有节奏的、震慑人心的脚步声。

纳粹党大吹大擂的宣传产生了巨大的投票效果：10个有资格投票的德国人中差不多有9个参加了。这是在希特勒支配下举行的最后一次诚实清点票数的选举。尽管轰轰烈烈的宣传中夹杂着威胁恫吓，纳粹党只得到44%的选票。然而，与上一次选举中33%的结果相比，这次算是一次根本性的提高，况且，纳粹党在国会中的代表从196增加到288个席位。为了达到大多数，希特勒仍然需要与民族主义分子联合，后者在这次选举中再次获得52个席位，8%的选票。纳粹运动的左翼对手

"钢盔党"分子（民族主义党中的退伍军人派）在经过勃兰登堡门时挥舞着帝国时代的彩旗。在1933年3月的大选中，民族主义党获得52个席位，这足以使纳粹党－民族主义党在国会中占有大多数席位。

比预料的结果要好：共产党失去了他们 100 个席位中的
19 个；社会民主党只失去他们 121 个席位中的一个。

希特勒并未因这次选举结果而气馁，他继续朝着绝
对权力的顶峰加快步伐。他的第一步就是通过所谓的"协
调"，强制性地把全国的政治、经济和社会生活一并纳
入纳粹党的控制之下。

"协调"这一术语最早用于联邦各州的纳粹化过程。
在整个德国的历史中，联邦各州一直有自己的议会，他
们固执地维持着自己的权力。现在，希特勒要开始清理
这种州政府自治的制度。在巴伐利亚，一直有人在议论
要恢复君主制，甚至要脱离联邦。于是，纳粹分子于 3
月 9 日用武力把那个民选政府赶下台，安置了一名由希
特勒特定的州长。同样，在其他许多州，按照柏林的指
示行动的"冲锋队"挑起足够多的麻烦，让联邦政府有
借口干预并任命纳粹官员来维持秩序。到 3 月 15 日，
德国所有 17 个州都被纳粹控制了。

接下来，希特勒打算诱使国会里的议员们交出他们
的立法权力，要全部彻底地交出来，就像大火已全部彻
底地烧毁了国会大厦那样。然而，首先，他必须巩固与
将军们、保守派分子们及其他具有强烈旧帝国传统思想
的人的关系。他通过在具有浓厚传统色彩的小镇波茨坦
为新一届国会大会举行一次十分壮观华丽的开幕式而达
到了这一目的。波茨坦曾是普鲁士历届国王的住地，而
现在它成了普鲁士军国主义的象征。

仪式由戈培尔策划和主持，他于3月13日刚当上
公共教育宣传部部长。戈培尔凭借自己对戏剧的离奇感
悟，创造出一幅旧德国与新德国和谐一致的幻象。开幕
式现场加里森教堂就位于18世纪普鲁士国王腓特烈大
帝的坟墓上方。3月21这个日子，既象征着春天的开端，
也是1871年俾斯麦首次召开德意志帝国国会那一历史
性日子的周年纪念日。很具有艺术性的服饰考虑到了传
统象征和纳粹思想的结合。仪仗队的组成是，穿着灰色
衣服的国防军笔直地站在这一边，褐衫"冲锋队"站在
另一边。万字旗和黑、白、红三色相间的旧帝国旗帜并
立在一起飘扬。这两种旗帜刚刚被定为德国的官方旗帜，
取代了魏玛共和国的黑、红、金三色旗。

仪式按计划进行。帝国时代的老将军们、大将们
穿着缀满金饰、挂满勋章的制服，形成了一道闪光的
海洋。仪式甚至为已被流放的德皇预备了一把椅子。
当兴登堡总统穿着他那身华丽的陆军元帅制服慢悠悠
地走到贵宾席上时，他朝着德皇的空宝座鞠了一躬，
并举起手杖行礼。

希特勒充当仪式的助手。他穿着一件下摆被切掉一
块的燕尾服，显得很不自在——正如法国大使所言，"就
像一个腼腆的新来者，被他的一位重要保护人介绍给一
群他并不认识的人"。希特勒向兴登堡致意时也显得有
些过分："我们认为有您支持德国的振兴，这是一件幸
事。"然后，他做了一个象征纳粹党与普鲁士昔日荣光

联结起来的手势，走到兴登堡的椅子边，躬下身子抓着他的手。那位老军人热泪盈眶，站起身来，在腓特烈大帝的坟墓上放了一个花圈，这时，外边的礼炮齐鸣。

通过在波茨坦的那番表演，希特勒使原先很多反对他的人现在相信了他的意图是好的。他下一步要花精力使自己摆脱宪法的约束，这些约束是总统这一职位和国会这一机构施加在他头上的。他利用的工具是《授权法》，即所谓的《消除人民和国家痛苦法》。如果这一法案得以通过，那将使希特勒作为总理在今后 4 年中有权颁布国内法律，签订对外条约。他要做到这一点，可以无须国会同意，无须遵守宪法，无须总统干预。实际上，总统现在唯一的权力是，可以独立于国会之外颁布应急状态令。

出乎巴本的预料，希特勒不但没有被保守派分子逼进角落，反而还驯服了联合政府中的那帮盟友，并提议自己可以成为独裁统治者。巴本及其内阁一方面深陷于"恐赤症"，另一方面还沉浸在波茨坦的全民"欣快症"中，对此提议没有怎么反对。至于宪法的捍卫者、那位年迈的总统，据报道很乐意解除身上的担子，不再颁布那些并不受人欢迎的应急状态令。

3 月 23 日，波茨坦开幕式后两天，希特勒把他的那一提议正式摆在了国会的第一届工作会议面前。代表们在进入柏林的克罗尔歌剧院临时改成的会议厅时，不得不从一排排威风逼人的"冲锋队"队员和党卫队徒们面前经过。在一次稍有节制的讲话中,希特勒宣布向失业开战,并许诺尊重各州、各教会的权力以及财产私有权。他说他只有当不得不采取重大措施时才会动用《授权法》。然而,讲话快要结束时,希特勒改变了调子,暗示说,即便国会不同意,他也要推行这项法律。他强迫代表们要么合作,要么遭受苦果——"在战争与和平之间做出抉择"。

要通过《授权法》,需要有 2/3 的多数。希特勒倒不必担心共产党代表的 81 票;他们要么已在监狱,要么已逃之夭夭。如果他愿意的话,希特勒也可以把社会民主党中那些可能反对的票作废,办法是,依据 2 月 28 日的应急状态令,把那些反对的代表投进监狱。但是,希特勒想要保留合法性的外衣。为了赢得所需的票数,他一直在拉拢天主教中心党的代表,作了一系列很含糊的许诺,包括保证要有总统的同意才能颁布法律。天主教中心党领导人在秘密会议上就这些许诺作了一场激烈的辩论,但辩论不久,他们便附和了希特勒的讲话。反对派的领袖是前总理海因里希·布吕宁,他称希特勒的提议是"有史以来向国会提出的最荒谬的要求"。

当国会在 3 个小时的休会后再次开会时,有一位代表鼓足勇气发言反对《授权法》。他就是社会民主党领袖奥托·威尔斯,他的职业是家具装饰用品商,1912 年以来一直担任国会议员。威尔斯是那天到会的 94 位社会民主党代表之一——该党 120 名代表中的其他人要么已被拘禁，要么因害怕纳粹迫害而躲藏了起来。他平常并不是一个多言善谈的演说家，刚开始，他的声音被站在歌剧院外面的"冲锋队"队员们"不通过法案，那么就来枪炮和谋杀"的叫喊声淹没了。但后来他的声音越来越大，越来越雄辩有力。他勇敢地大声说道，"你可以从我们身上拿走自由和生命，但拿不走我们的荣誉。没有什么《授权法》给你权力去摧毁思想。思想是永恒的，不可摧毁的"。

当威尔斯在国会演讲时，希特勒已做好回应的准备。他已经看过一份事先散发给与会代表们的社会民主党讲稿，他在一边听着一边匆匆地记着笔记。威尔斯刚一讲完，希特勒一下子站起来，甩开试图阻止他的巴本，冲到台上。他把手指直接指向威尔斯，进行了一次蛮横无理的反驳。他吼叫道："我不要你的选票。德国会得到自由，但不是通过你。别误认为我们是资产阶级。德国之星即将升起！而你们即将消失！你的丧钟已经敲响！"

　　第一次由纳粹领导的国会在波茨坦开幕时，警察不得不奋力挡住充满激情的观众。左下图，希特勒总理在与旧秩序的一位代表人物——王储威勒姆（被流放的德皇的儿子）亲切交谈。

随后的投票取决于天主教中心党代表们，他们已经同意作为一个政党集团参加投票。他们被希特勒尊重宗教的诺言迷惑住了，同时他们也害怕。如果反对他，他就可能解雇掉属于该党的许多公务员，从而削弱该党对政府政策的影响。所以，天主教中心党投票支持《授权法》。事实上，天主教中心党的代表及国会中其他非社会主义代表如此俯首屈从——最后票数是444票对94票——即使共产党代表没有被排除在外，希特勒也能获得2/3的多数。只有社会民主党代表投票反对这一法案——他们投票支持维护国会的民主。

《授权法》连同2月28日的应急状态令，成了希

1933年，被拘留的犹太人在柏林的一辆警车上焦急地看着"盖世太保"便衣特务和一名"党卫队"官员检查他们的身份证件。在希特勒政权的早期，就已开始了对犹太人的压制，他们被禁止进入政府、大学和专业机构。

特勒的第三帝国的立法基础。这两大法令实际上给了希特勒及其追随者们无限的权力,他们手中拥有了使全德国纳粹化的政治机器。《授权法》使希特勒能够继续全力进行他的所谓"协调"政策。他连续颁布了一系列法令,旨在扫除州主权的一切残余痕迹。首先,他暂时解散了各州议会;然后,他任命一些特别的人当州长(大多数是纳粹党的区委领导),负责主持州里的事务。这些特别州长有权解散州议会,有权雇用或解雇政府职员,并负责贯彻实施帝国总理的政治指示。在起轴心作用的普鲁士州,希特勒把名义上的行政长官巴本搁置一边,自己担任该州州长,然后委托戈林全权负责;戈林实际上早已在那里采用高压政策统治了。后来颁布的一项法令进一步削弱了州政府的权力,正如内政部长费里克所言,州政府"仅仅是帝国的行政机构"。

为了"协调"关系,希特勒又着手改组受人尊敬的公务员机构,这个机构雇用了 160 万德国人,以团结一致和政治中立闻名。希特勒 4 月 7 日颁布的《公务员法》授权可以解雇任何具有左翼思想或支持共和的工作人员,清除公务员中没有雅利安人血统的职员。这一法令成了后来不断驱除犹太人的 400 多条法令的开端,有 50 万犹太人被排除在德国人的生活之外。

希特勒在一周之前就已针对犹太人采取行动了,只是效果不很明显。自从国会纵火案后,"冲锋队"反闪米特人的暴力行动开始剧增,国外报刊上也开始出现有关殴打和谋杀犹太人的报道。在戈培尔和臭名昭著的反闪米特人报纸《冲锋队员》创建人朱力斯·斯特莱舍尔的唆使下，希特勒宣布4月1日星期六这天全天抵制犹太人的生意买卖。但这一抵制活动并不怎么成功；数量多得惊人的德国购物者不顾褐衫党纠察队的阻挠，仍然去惠顾他们喜爱的犹太人商店。从不承认这一类失败的戈培尔看到迅猛发展的步伐，不禁在4月22日的日记里写道："在内阁里，元首的权威是至高无上的。不再有任何投票，元首说了算。一切事情的发展速度都比我们原来希望的要快。"

除了要威胁犹太人外，戈培尔还要清理文化生活。在他的领导下，凡被认定是马克思主义者、犹太人或其他非德裔的音乐家、歌唱家及演员统统都要解职。科学家和其他知识分子要受到控制。戈培尔还派遣纳粹青年党徒进入大学图书馆，把那些有反对言论的书籍清理出来，然后烧毁。5月10日，在柏林，满车满车的书在克罗尔歌剧院前面被付之一炬，而"冲锋队"的一支乐队在一旁演奏着爱国歌曲。戈培尔称赞这是"强大的、伟大的、具有象征意义的行动"。在被烧毁的书中，有19世纪德国诗人海因里希·海涅的作品，他曾写过这样的句子："如果他们焚烧图书，那么他们最终也会焚烧人类。"

希特勒的下一个"协调"目标是德国最有势力的组织之一——工会。德国的工会称有将近600万工人，其控制者是社会民主党。希特勒把有组织的劳工看作是一种威胁。1920年工会发起的那次大罢工仍让他记忆犹新。当时，由新闻记者沃夫冈·卡普领导的右翼阴谋小集团曾一度控制了全国政府，那次大罢工就是为了使政府瘫痪而举行的。

为了分化瓦解工会组织，希特勒采用了一二三连珠炮式的反击手段：首先通过暴力威胁，然后做出友好姿态，再然后是残酷施压。3月和4月间，他命令"冲锋队"接管地方上的工会办公室，抓捕工会领袖。于是乎，工会领袖们出于绝望和害怕，只好对新总理采取一种妥协让步的立场。作为回报，希特勒同意工会组织的一项长久以来的要求，把5月1日——德国工人的节日——定为一个照发工资的全国性节日。为了庆祝这一事件，戈培尔组织了一次盛会，有游行队伍，有群众集会。工会组织的官员们命令工人排成方队参加庆典。那天晚上，100万白领及蓝领工人高举着万字旗，游行到柏林的滕珀尔霍夫机场，听希特勒讲话。机场上的灯熄灭了，庞大的听众在黑暗中聆听。沐浴在泛光灯下的希特勒宣布从此结束阶级斗争，并大声地呼喊着那天的箴言："劳动光荣，尊重工人。"

第二天清晨，"冲锋队"利"党卫队"出击了。他们占领德国各地的工会组织办公室，没收资金，把前一天还在同希特勒筹划德国新五一节活动的劳工领袖们投进监狱。在月底之前，希特勒有效地消除了集体请愿的可能性，他把一切有关工资和工作条件的事务交给政府任命的委托管理员手里。所有工会组织都被解散，原来的成员转会到罗伯特·勒伊领导下的"德国劳工阵线"。勒伊是科隆的纳粹党区委领导，长期酗酒。尽管他是一个农民的儿子，并喜欢谈论他的低等出身，他却答应"把绝对领导权交还给工厂的自然领导——雇主"。

在"协调"完各州、公务员制度和劳工组织后，希特勒现在把他的注意力转到了政党上。共产党早在国会纵火案后就成了实际上的非法组织，而随着该党资产的充公，这一"协调"过程正式完成。下一个感到压力的是社会民主党；戈林于5月10日夺走了他们的办公室及其他财产。该党一些领导人留了下来，对纳粹分子的要求作了让步，而那位勇敢的、在国会里站起来与希特勒较劲的党主席奥托·威尔斯逃往布拉格，在那儿建立了流亡政党。他走时留下了一个反纳粹的地下组织，这让希特勒很忧虑，并使他于6月22日正式禁止社会民主党的活动，说它"颠覆国家政权，危害国家安全"。

在社会民主党被禁止后不到两周时间，各中产阶级政党也纷纷被解散——国家党、德国人民党、基督教社会主义党、巴伐利亚人民党。天主教中心党最后也在7月5日被解散。天主教中心党虽然在《授权法》这件事情上显得有些胆小软弱，但它为德国和罗马天主教会服务了60多个年头，并且曾经是魏玛共和国的支柱。它被解散后，梵蒂冈与德国通过谈判签订了一项宗教协定，教会同意不让牧师过问政治，而希特勒答应给天主教学校自由。

最令人吃惊的是希特勒的联合政府伙伴——民族主义分子的迅速垮落。由于在国会里不再需要他们的选票（《授权法》已经掌管一切了），希特勒向民族主义党领袖阿尔弗雷德·胡根堡施压。他在内阁里很轻蔑地对待胡根堡，鼓动农民团体及其他人要求他辞职。警察和"冲锋队"队员逮捕民族主义分子，给他们的会议制造恐怖，并于6月21日夺取了该党在德国各地的办公室。6天后，胡根堡请求总统插手，但没有回音，他只好向内阁递交了辞呈，并于当天解散了民族主义党。

所有这些行动的结果，使德国只剩下了单单一个政

在对莱比锡的一家工会总部进行袭击后，"冲锋队"队员在一片狼藉中搜寻。希特勒通过逮捕领袖人物、没收资金、把普通群众成员合并到纳粹党控制的"劳工阵线"中等手段，使德国的工会组织分崩离析。

　　1933年6月，在柏林举行的一次反对《凡尔赛条约》的游行集会上，30万德国人齐刷刷地举着手行纳粹礼。希特勒发誓要废除那令人痛恨的条约，他的誓言成了全国的一句战斗口号。

党组织,即德国国家社会主义工人党。7月14日,一项政府法令确定该党为正式的官方政党,并宣布任何发起反对党的人将被处以3年以上的监禁。能如此神速地消除政治上的对手,连希特勒本人都不敢相信。他在7月初曾带着嘲讽的口吻说:"一个人根本不会想到这么痛苦的垮台竟是可能的。"

内阁现在也被"协调"。胡根堡作为经济部长和食品农业部长留下的双重位置被两名纳粹分子取代。希特勒在纳粹党里的助手鲁道夫·赫斯开始参加内阁会议,内阁中其余的非纳粹代表要么在精神上要么通过实际加入纳粹党而纷纷归顺。巴本在被挤掉了普鲁士州州长一职后,渐渐失去了全国性的影响力;况且,在兴登堡的要求下,他不必再出现在希特勒和兴登堡会谈的现场。心力交瘁的总统好像被这位生气勃勃的新总理完全迷住了,有时也给愚弄了。他很乐意接受希特勒所想,权力已被希特勒完全架空了。兴登堡的一位朋友称他是"我们不再拥有的总统"。然而,无论如何,这位老战斗英雄仍然能激起德国人民的热情和尊重。他仍然还保持着宪法赋予他的武装部队总司令的头衔,并对此看得很重。希特勒难得败下阵来的一次经历,是兴登堡反对挑选他担任德国军队的司令。

尽管新获得了这一切权力,只要总统仍然握着军队的最高指挥权,希特勒还是无法成为德国的绝对主宰。整个1933年秋季,希特勒重点放在他的短期目标和长

期目标上。短期目标是让失业的德国人重新回到工作上
来，长期目标是重整军备，对外扩张。他和戈培尔十分
精明地通过强大的宣传和踊跃的公众参与来展示每一个
新的计划，整个民族好像都已卷入了热情支持纳粹政权
的潮流之中。这一政治花招在希特勒最持久的修建德国
高速公路的工程中得到充分体现。长达 2500 英里的公
路网把帝国各主要城市都连接了起来，它是 1933 年发
动的最大的一项公共设施工程。修建高速公路是最为理
想的政府计划：它创造就业机会，有利于军民两用，还
满足了希特勒"通过实施宏大工程使德国经济发展起
来"的愿望。9 月 23 日，在法兰克福和曼海姆两市之
间的第一段路的开工典礼上，元首亲自挥锹铲下第一块
土——他颇懂行似地微笑着，好像很习惯做体力劳动。

　　高速公路工程是一项颇得人心的工程，纳粹党的宣
传机器马上把这说成是希特勒最早的想法。而事实上，
希特勒开始是反对这一工程的。该工程的主要倡导者是
一个叫作哈弗拉巴（Hafraba）的组织，自 1926 年创
立以来它一直提议修建一条经由法兰克福、连接汉堡和
巴塞尔的高速公路。4 年后，当国会中的大多数代表正
要支持哈弗拉巴的时候，纳粹党代表和共产党代表联合
起来阻挠它获得通过。然而，工程开工后，负责该项工
程的纳粹工程师弗里茨·托德给哈弗拉巴组织写信，警
告其成员不要争名夺利。托德写道，所有的高速公路"无
一例外的都是阿道夫·希特勒的路"。

希特勒还通过在对外政策方面耍弄花招来巩固他在国内的权力基础。在 10 月 14 日的一次广播讲话中,他宣布德国要退出"国际联盟"和"日内瓦裁军会议"。他指责道,其他欧洲大国在军备方面拒绝给予德国完全的平等权利,这是"无法忍受的侮辱"。希特勒这样做,是在冒外国制裁,甚至有可能侵入的危险。但他又宣称要举行一次全民公决,让德国人民来做出决定,这一下弄得世界上那些民主国家不知所措。毕竟,他们怎么能反对一项表面上看来很民主的进程呢?希特勒把投票日定在 11 月 12 日,即第一次世界大战停火纪念日的次日。大多数德国人认为,《凡尔赛条约》给他们带来了失败和羞辱。

希特勒发动攻势,要努力通过全民公决获得赞成。他在布雷斯劳的一次大型集会上说,"瞧着吧,这一天将作为解放日载入我们民族的史册。将这样记载:在某年的 11 月 11 日,德国人民正式失去了荣誉;在 15 年之后的一个 11 月 12 日,德国人民又重新获得了荣誉。"新的国会选举同时也在计划之中,希特勒甚至说服了兴登堡对全国发表谈话,表示支持政府。选举的结果是在事先就已内定了的,因为选民们得到的只有纳粹党候选人名单。

国会选举和对外政策全民公决的结果都非常有利于纳粹党。在两次活动中,超过 95% 的选民都投了票——这并不奇怪,因为纳粹党规定投票是强制性的。在有效的票数中,95.1%赞同希特勒抛弃国际社会的会员资格。在国会的投票中,纳粹党控制了所有 639 个席位。某些投票活动中使用了恫吓和操纵手段。例如,据报道,被关押在慕尼黑附近达豪集中营里的 2242 人中,有 2154 人投票支持政府。然而,即便没有这种值得怀疑的支持,赞同希特勒的总人数实在太多太多了,足以反映出是完全的选民授权。

1934 年 1 月 30 日,是希特勒担任总理的第一个周年,他有各种理由值得庆贺。他的纳粹党分子已通过主要采用合法手段、较少采用流血冲突而控制了德国。由于公共设施的修建、军队和装备预算的增加,失业率下降了近 40%。尽管纳粹党在新的帝国里摧毁了自由,总统及明显的大多数人民是赞同希特勒的政策的。在周年纪念日那天,兴登堡给他的总理送去的贺词是:"衷心感谢您的辛勤工作和伟大成就。"

然而,即使在这一喜庆的日子里,希特勒执政初期的重大危机已露端倪。这危机不是来自各对立派,因为他们均已被镇压下去,而是来自纳粹党内部各个不满的派系。最为不满的是那些"老战士",他们长期以来作为党员感到纳粹革命进行得还不够深入。其中一些政治上的极端分子要认真执行纳粹党的原初计划,即反对资本主义的基础。另一些人来自贫困家庭,他们希望得到好的工作,分享纳粹政权的胜利果实。然而,尽管希特勒摧毁了左翼分子,他却同传统上统治德国的右翼势力达成了妥协。大商人、容克地主、普鲁士时代的将军，甚至公务员，仍然保留了很多以往的权力和影响力。

不满因素的中心人物是矮胖的"冲锋队"参谋长恩斯特·罗姆。罗姆是希特勒最早的同事之一，也是身边几个最亲密的人之一。罗姆发明了"第二次革命"这一口号，意指他的目标是要对德国社会进行一次更为深刻的变革。他在公开场合攻击反动派，批评政府，在私下里说希特勒是头蠢猪。他把他手下的"冲锋队"队员们称作是革命的坚不可摧的保障力量，以激起他们的自豪感。同

一名"党卫队"成员在签名宣誓他要忠实于元首。印在卡片背面的誓言内容是："我毫不动摇地宣誓效忠于阿道夫·希特勒，对他以及他任命的领导绝对地服从。"

时，他还呵护着这帮褐衫党徒的发展壮大，使其人数经历了一个猛增的时期。在纳粹夺权的第一年里，人数由40万猛增到约300万。这种增长的主要原因是"冲锋队"为了响应希特勒的创建一支后备军事力量的计划，吸收了"钢盔党"及其他一些准军事组织。随着人数剧增，褐衫党徒变得越来越无法无天。他们干预地方政府事务、讹诈商人，甚至插手刑事司法事务。

希特勒不想来一个第二次革命。他是一个实用主义

者。他想重新建立德国作为一个经济大国和军事大国的
地位。为了实现这一目标，也为了实现德国在国外扩张
的长远目标，他需要现存机构诸如大公司和军队的合作。
"冲锋队"的革命热情对他一直很有利，但现在它威胁
要疏远那些机构，这将毁了他的全盘计划。

　　元首采取各种手段来驯服罗姆及"冲锋队"。首先
是警告。早在1933年7月，希特勒就已正式宣布革命
的结束，代之而起的将是渐进发展。他威胁道："我将
毫不留情地镇压任何想搅乱现存秩序的企图，我要对付
那所谓的第二次革命，因为它只会导致混乱。"然后，
他削减了普鲁士的"褐衫党"人数，他命令戈林解散去

1933年5月，"冲
锋队"队员举行了
一次游行示威，纪念
1923年因在鲁尔占领
区炸毁一座桥梁而被
法国人枪决的阿尔伯
特·施拉格特。纳粹
分子把他视为一名烈
士，在5月26日他
死去的那一天举行了
全国范围的大集会。

年 2 月份组建的警察协管单位,并拆毁罗姆为解决犯人
过多问题而建起的那些未经授权的集中营。

接下来,希特勒想安抚一下罗姆。他任命他为内阁
成员,并在 1934 年元旦那天给他去了一封热情洋溢的
信,感谢他为“冲锋队”的发展“做出了不可磨灭的贡
献”。然而,与此同时,希特勒又玩起了两面派手法。
他把新组建的普鲁士秘密警察组织“盖世太保”队长鲁
道夫·迪尔斯叫来,要他收集有关“冲锋队”恐怖主义
活动及“罗姆先生是否忠诚”方面的情报。私下里,元
首还讨论过裁减“冲锋队”的人数。

在 2 月初,即在希特勒担任总理第一个周年纪念日
后几天,罗姆开始炫耀他的军事野心,这比他的第二次
革命要求更让元首忧虑。罗姆向内阁提议,“冲锋队”
应该成为扩充后的国防军的基础,以组建一支“人民的
军队”,由某一位内阁部长来控制——言下之意就是由
他自己来控制。这正是罗姆的一贯想法:“灰色的礁石
一定要让褐色的潮汐淹没。”希特勒早就对这一想法嗤
之以鼻,但这给国防军的军官带来了巨大的冲击,他们
对此既愤怒又害怕。

希特勒不能让军队有麻烦。他需要将军们的能力来
重新装备德军,他要依靠他们的忠诚来维持自己的权力。
可能除了他自己的“冲锋队”以外,只有军队才有实力
推他下台。他恬不知耻地讨好将军们,绝不干涉军中的
晋升及其他内部事务,他甚至秘密同意把国防军的人数

增加 3 倍(《凡尔赛条约》限定的人数是 10 万)。

在将军们要求控制住罗姆的压力下,希特勒于 2 月 28 日早晨召开了一次高层会议。他对到会的国防军指挥官们和"冲锋队"领导们训话,并对各自的角色作了明确的规定。国防军将代表德国作战;"冲锋队"将帮助保卫国家疆界,并在体育运动的掩饰下对未来的战士进行初级军事训练,而在其他情况下,只能从事内部政治事务。

罗姆暂时好像接受了这一挫折。在会议结束时,他和国防部长魏尔纳·冯·布伦堡签署了一项体现希特勒讲话精神的协定。然后,罗姆邀请每一位在场的人共赴他所谓的"和解早餐"。直到希特勒和将军们离开后,罗姆才大发一通脾气泄愤。他说他根本就不想签署那份协定,他称希特勒是一个"无知的下士",并说他"不忠心,迫切需要去度假了"。当时,罗姆的一位手下维克托·卢茨听了十分震惊,这过激的言论简直就是叛逆,他马上如实报告了希特勒。

然而,元首不愿意立刻行动,他要等到形势紧张的时候。罗姆的行为变得日益大胆,他给"冲锋队"增加了武器,加速军事训练,举行盛大游行。他甚至建立了自己的对外办公室,在那里,他举行记者招待会,设宴款待外交人员。相形之下,国防军在此期间加强了与希特勒的关系。勃洛姆堡把纳粹思想灌输到军队的训练中,他在 4 月 20 日希特勒 45 岁生日时发表了一篇文章,连篇累牍地对总理大加颂扬。这位国防部长还竭力讨好那位前下士，他把希特勒的旧军服收藏在慕尼黑的兵营里，以作为纪念。

在春天快要过去时，紧张的形势达到了高峰。副总理巴本——这位在内阁里一直唯唯诺诺的人，于6月17日在马尔堡大学发表了一次讲话，猛烈抨击了纳粹的激进主义，并要求希特勒与那些主张二次革命的人脱离关系。副总理的言论体现了全国很多人的焦虑，引起了一阵骚动。戈培尔禁止出版他的讲话。

希特勒暴跳如雷，当着他的手下大骂那个"蛆虫"和"可笑的矮瓜蛋"巴本。他一直担心巴本的讲话可能预示着保守派联合势力的起死回生，那将把总统和将军们也包括进去了。在那次讲话4天后，希特勒飞往兴登堡在东普鲁士的住地。总统患有前列腺癌，已病入膏肓了。当这位纳粹领袖赶到时，他从勃洛姆堡那儿获悉（之后又从兴登堡本人那儿获悉），总统准备宣布实行军事管制法，如果政府控制不住罗姆，可以让军队负责。想到有可能失去军队的支持，希特勒只好动手。既然兴登堡好像现在已近死期，而希特勒比以往任何时候都更需要军队，因此他打算等那位老人一去，他就要大胆地宣布废除总统制，由他自己承担总统的各项职能。

如果希特勒想再看看情况才对罗姆下手的话，那么这会儿有两个人前来提供情况了。他们是罗姆在纳粹党内的两大主要对手，海因里希·希姆莱和赫尔曼·戈林，前者是"党卫队"头目，后者是"盖世太保"副队长。他俩都急不可耐地想干掉罗姆，因此编造了一些报告，说他马上要举行暴动。希特勒可能相信也可能不相信他俩的假话；反正，罗姆没有遮掩的谈话和咄咄逼人的行为已足以证明他不能再被信任。希特勒利用这些谣传

为借口要清算了。他命令戈林和希姆莱发动了"血洗事件"，或称"长刀之夜事件"。

6月30日，星期五，凌晨时分，大清洗开始。希特勒本人飞往巴伐利亚，在武装警察的陪伴下，在巴德维塞的一家旅馆里逮捕了罗姆及其高级属僚。那天早晨，在德国各地，"盖世太保"和"党卫队"的执行小分队开始执行任务。多数人拿着枪，也有一些人拿着刀和其

在1934年6月份的最后几天里，恩斯特·罗姆（右）与一位同伴在巴伐利亚的避暑胜地巴德威塞散步。这位"冲锋队"队长正在这里治疗风湿病。

他武器，对"冲锋队"大开杀戒。在几百名死难者中，包括各色人物，如曾于1923年镇压过"啤酒馆暴动"的古斯塔夫·冯·卡尔，巴本6月17日讲话稿的作者埃德加·荣格，希特勒多年的纳粹党同事格雷戈尔·斯特拉塞，还有前总理库尔特·冯·施莱舍尔将军。

到7月1日星期天下午，大屠杀实际上已经结束，

6月30日早晨，罗姆和他的几位"冲锋队"同事正住在这座位于泰根塞河岸的宾馆里，希特勒发动突然袭击，以叛国罪逮捕了他们。

希特勒在总统府花园里举行了一次聚会。纳粹党领袖们和内阁成员们都到场，其中一些还带来了妻子、孩子。根据记载，希特勒很友好地与大家寒暄。他一边喝着茶，一边与大人们轻松诙谐地交谈，并以叔伯般的慈祥与孩子们打招呼。中途，他说他有事要离开聚会，一去就是很长时间。他是去发布执行枪决的命令。被枪决的人是他那位已成为报复者的朋友恩斯特·罗姆，他当时被监禁在慕尼黑的一座监狱里。

这是希特勒争夺权力的一种手段，从此，在德国能够听到的重要声音不再是让人吃惊的抗议，而是一片赞扬。在7月1日同一天，国防部长布伦堡公开感谢希特勒以军队的名义进行大清洗。第二天，戈林命令警察把

227

所有有关大清洗的资料烧毁，而兴登堡发来电文，感激希特勒"把一切叛逆的阴谋扼杀在襁褓之中"。7月3日，内阁认可希特勒的做法是合法的，是"国家自卫的行动"。

希特勒本人一直等到7月13日才出现在国会代表们面前，对他所采取的行动进行解释。他对涉及罗姆的那个假定阴谋的细节作了一些透露，他向军队保证，军队将是"唯一的武器携带者"，并道出了如此惊人的辩白："如果有人指责我，问我为什么不求助于正规的法庭来处置那些罪犯，那么我所能说的只有这一点：在这个时刻，我要对德国人民的命运负责，因此，我成了德国人民的最高法官。"

身为最高法官和执行长官，希特勒现在可以继续夺取绝对权力了。在不到3个星期之后的8月2日，兴登堡总统在只差两个月就满87岁的时候逝世。机会就在这时候不请自来了。那位老军人临终前不愿躺在任何舒适的东西上，而只愿躺在一张斯巴达式的铁床上，他手里拿着《圣经》，嘴里吐出这几个词："我的皇帝，我的祖国！"

希特勒已做好准备。他在头一天曾经坐飞机去总统的床边看了一下，然后匆匆赶回柏林，当晚召开了一次内阁会议。在兴登堡去世前几个小时，内阁已通过一项法律，允许总统办公室和总理办公室合并，两个办公室的权力都归希特勒。巴本副总理当时不在会场，但元首强制性地在这条新法律后面附上了副总理的签名。这公然违背了《授权法》关于禁止采用不正当手段干预总统办公室的规定。

不满足于依靠内阁对该项法律的一致同意，也不满足于每一位德国士兵和海员重新宣誓无条件地服从，希特勒还要求在 8 月 19 日举行一次全民公决。这一次，投票仍然是强制性的。每一位参加投票的人都发了一个很大的别针，必须别在衣服的翻领上，这样，纳粹党的强制人员可以发现谁没有参加投票。没有戴别针的公民被强行带到投票站。根据纳粹控制的清点结果，每 10 个德国人中有将近 9 个正式投票支持希特勒担任全权的元首和帝国总理。在将近 4 400 万选民中，敢对阿道夫·希特勒说不的人还不到 500 万。德意志帝国现在由他来领导了。

兴登堡的遗体静静地躺在那儿，陆、海军军官站在一旁警戒。每个阶层的德国人都在哀悼这位86岁的贵族，他是昔日帝国的最后纽带。

夺取国家火炬

　　1934 年 8 月 2 日，当保尔·冯·兴登堡在他位于东普鲁士诺伊代克的别墅里逝世后，总理希特勒很快就夺取了已故总统作为国家元首和军队总司令的权力。然而，希特勒精明地算计到，除了一道法令，还需要别的一点什么，使他继承兴登堡的遗产显得富有戏剧性。那位具有传奇色彩的陆军元帅兼政治家生前曾要求一切从简，把他葬在诺伊代克，但总理的决定却不一样。葬礼将在 65 英里之外的坦嫩贝格村举行，那里曾是兴登堡取得过最大一次军事胜利的地方。希特勒将亲自参加葬礼，致悼词，以便象征性地把已倒下的火炬接管过来。

　　1914 年，当兴登堡响应号召、放弃退休生活去指挥德国的第八军反击入侵的俄国人时，他就已经赢得了国人们的永久忠诚。好像命运安排好了似的，他在坦嫩贝格打了胜仗，而 500 年前，在这个同样的地方，崛起的德国条顿骑士们却被波兰人和立陶宛人击溃。在兴登堡的指挥下，德国的士兵一心想着要补救历史上那次臭名昭著的大失败，他们经过 4 天的战斗，全歼了一支俄国军队。在接下来的那几年艰难岁月里，德国人心中一直保存着对坦嫩贝格胜利的回忆。在兴登堡当总统期间，人们在战场遗址上修建了一座光辉的、要塞一般的纪念馆。

　　在这座阴暗的纪念馆里，希特勒在兴登堡死后 5 天向参加追悼会的 6000 名军方和民间人士作了悼念演说。他不顾兴登堡曾主张恢复君主立宪制的事实，把这位坦嫩贝格战役的英雄描绘成纳粹兴盛运动中的一位真正先锋。希特勒慷慨陈词："作为帝国总统，这位陆军元帅成了国家社会党革命的保护人，同时也是我们民族复兴的保护人。"在追悼会上，兴登堡的儿孙们被迫向希特勒行纳粹礼，这是兴登堡本人从来不愿去做的。随着旧军队的这位元老安埋入土，乐队很有讽刺性地奏响了最后的音符，演奏的是希特勒的一位"烈士"——赫斯特·威塞尔的一首赞歌。

一支护送部队站在兴登堡的诺伊代克住所外面，等着把灵柩护送到坦嫩贝格。第一次世界大战后，这幢房子曾落入私人之手。兴登堡的一些崇拜者把它买下，重新装修了一番。

佩戴着新标志——纳粹雄鹰——的士兵们在火炬照耀下护送着兴登堡的灵柩走进坦嫩贝格。灵柩上盖着帝国旗帜和兴登堡的饰有尖状物的头盔。

　　左图是坦嫩贝格纪念馆的大院。站在兴登堡灵柩四周的是军人、头戴纱巾的群众和光着头的军政界要人。在参加追悼会的人中，有帝国军队最后一位幸存的陆军元帅奥古斯特·冯·麦肯森。他穿着普鲁士蓝色军服正走上前来献花圈（上图）。路德教教长向"仁慈的上帝"为兴登堡祝福，而希特勒却加了一句瓦格纳式的告别："去吧，将军，现在进入瓦尔哈拉殿堂吧！"

葬礼上，希特勒大步走过海军仪仗队的面前，他后面跟着"党卫队"头目海因里希·希姆莱（远处左边）及其他随从。希特勒刻意地穿着一件普通的褐色制服，没有佩戴徽章，因为他宣称兴登堡才是最高指挥官。

图书在版编目 (CIP) 数据

权力风云 / 美国时代生活编辑部编；张显奎译．——
修订本．——海口：海南出版社，2015.1（2022.8 重印）
（第三帝国）
书名原文：The Third Reich:Storming to Power
ISBN 978-7-5443-5803-3

Ⅰ．①权…Ⅱ．①美…②张…Ⅲ．①德意志第三帝
国 – 史料Ⅳ．① K516.44

中国版本图书馆 CIP 数据核字 (2014) 第 271469 号

第三帝国：权力风云（修订本）
DISAN DIGUO: QUANLI FENGYUN (XIUDING BEN)

作　　者：美国时代生活编辑部
译　　者：张显奎
选题策划：李继勇
责任编辑：张　雪
责任印制：杨　程
印刷装订：北京兰星球彩色印刷有限公司
读者服务：唐雪飞
出版发行：海南出版社
总社地址：海口市金盘开发区建设三横路 2 号
邮　　编：570216
北京地址：北京市朝阳区黄厂路 3 号院 7 号楼 102 室
电　　话：0898-66812392　010-87336670
电子邮箱：hnbook@263.net
经　　销：全国新华书店经销
版　　次：2015 年 1 月第 1 版
印　　次：2022 年 8 月第 2 次印刷
开　　本：787mm×1092mm　　1/16
印　　张：15
字　　数：180 千
书　　号：ISBN 978-7-5443-5803-3
定　　价：45.00 元